얼 나이팅게일
위대한 성공의 시작

얼 나이팅게일
위대한 성공의 시작

20세기 최고의 성공 철학자가 말하는 목적과 자기주도성

얼 나이팅게일 지음 | 김현정 옮김

더퀘스트

서문

얼 나이팅게일은 세상에서 가장 성공한 사람과 그렇지 못한 사람의 차이점을 찾는 데 평생을 바쳤다. 성공 공식을 찾아낸 그는 라디오 방송과 오디오 프로그램을 통해 많은 사람에게 그 공식을 알리는 데 전념했다. 나이팅게일이 생각해낸 공식은 놀랄 만큼 단순했다. 바로 목적 있는 삶을 추구하고, 자신이 목표로 삼은 대상에 관한 관심을 잃지 않고, 수양을 게을리하지 않고, 열린 마음으로 받아들이며, 자신과 타인, 세상을 향한 감사와 존중의 자세를 유지하려 항상 노력해야 한다는 것이다.

스스로 찾은 소명에 따라 살아가야 한다는 나이팅게일의 메시지에 우리 모두 귀를 기울여야 한다. 그는 꿈을 이루려면 변화해야 하고, 변화하기에 늦은 때는 없다고 강조한다. 나이팅게일이 방송 내내 반복해 설명하듯, 우리가 보내는 시간은 짧다. 따라서 얼마나 요원하거나 불가능하게 느껴지든 매일 목표를 이루기 위해 노력하는 자세가 매우 중요하다. 무엇이 당신의 삶에 목적을 부여하는지 파악하고 이를 달성하려면 어떤 단계가 필요한지 개괄적으로 정리한 다음, 목표를 바탕으로 한 번에 한 단계씩 해결해나가야 한다. 나이팅게일은 이런 노력이 자아실현에 성공한 사람, 즉 "경로를 이탈하지 않고 직접 선택한 목적지를 향해 꾸준히 나가도록 도와주는 거대한 의식으로 깊이 뿌리내리고 살아가는" 사람이 될 수 있다고 설명한다.

나이팅게일은 나이를 불문하고 누구나 활력과 진정한 행복을 찾기 위해 목표를 세워야 한다고 지적한다. 중년 혹은 노년에 접어들었다거나 은퇴해서 자신의 시대가 모두 끝나버렸다는 섣부른 판단을 내린 사람도 있을 것이다. 이런 이들은 보통 인생의 목적에 관한 책이 자신에게 걸맞지 않다고 생각한다. 하지만 특히 그런 사람들을 위해 이 책은 쓰였다. 책을 읽다 보면 깨닫겠지만 꿈을 이루기에 늦었을 때는 죽고 난 이후뿐이다. 나이팅게일이 두려움이나 습관, 혹은 그보다 더욱 나쁜 태도인 무관심 때문에 원하는 삶을 살지 못하고 인생을 낭비하는 시간이 단 하루도 늘어나서는 안 된다고 강조하는 것은 바로 이런 이유 때문이다.

이 책은 나이팅게일이 공동 설립한 세계적인 자기계발 연구기관이자 전문 출판사인 나이팅게일-코넌트 코퍼레이션Nightingale-Conant Corporation이 1993년에 출판한 100건이 넘는 나이팅게일의 오디오 원본 원고 모음집인 《성공의 정수The Essence of Success》를 각색한 것이다. 뒤이어 나올 윌리엄 클레멘트 스톤William Clement Stone의 서문은 기존의《성공의 정수》에 실린 스톤의 서문을 일부 발췌한 것이다. 스톤의 말에 따르면 이 원고들은 "이 시대의 가장 위대한 연사이자 작가 중 한 사람인 나이팅게일의 책을 위해 많은 분들이 제공한 진귀한 녹음테이프와 원고, 개인 소장품과 나이팅게일-코넌트 코퍼레이션의 기록 보관소에서 발췌했다."

스톤은 계속 설명한다. "나이팅게일-코넌트 코퍼레이션이《성공의 정수》의 내레이션을 맡긴 나이팅게일의 동료 스티븐 D. 킹Stephen D. King은 이 프로젝트가 40년 넘게 열심히 일했던 방송계 거물을 기리기 위한 단순하고 진심 어린 추모에서 시작됐다고 회상한다. 킹은 이렇게 회상했다. '나이팅게일의 친구와 동료들은 40년 넘게 그가 남긴 자료를 모으기 시작했다. 그의 목소리가 담긴 테이프를 정리하고, 초창기 방송 원고를 찾아내고, 미공개 목소리가 녹음된 몇 시간짜리 인터뷰가 담긴 테이프를 뒤졌다. 머지않아 이 프로젝트 자체가 생명력을 갖게 되었다. 모이는 자료가 늘어날수록 사람들은 더 많은 자료를 모으고 싶어 했다. 오랫동안 라디오 방송업계에서 일하던 사람들이 이 프로젝트에 대해 전해 듣고서 희귀본 테이프와 원고를 전해줬다.' 이렇게 모인 자료는 단순한 추모를 훨씬 뛰어넘어선 멋진 작품이 됐다."

《성공의 정수》에는 삶의 목적을 이해하고 자기 주도성을 찾아 성공적이고 충만하게 사는 데 도움이 되는 메시지가 담겨 있다. 그의 메시지들을 편집해 이 에너지 넘치는 책에 다시 담았다. 이 책은 독자 여러분에게 자아를 실현하고 부를 누리는 법을 직접적으로 알려준다. 여기에서 부란 비단 많은 소득뿐 아니라 풍요로운 사랑과 우정, 개인적인 만족과 행복을 모두 아우른다. 새로운 길에 도전하기가 두려운가? 이미 진행 중인 과정을 완전히 정복하기 위해 새로운 영감이 필요한가? 그렇지 않으면 그저 좀 더 감사한 마음으로 깨어 있는 상태로 살아가고 싶은가? 만약 그렇다면 이 책이 목표 달성에 필요한 구체적인 도구를 제공할 것이다.

이 책에서 나이팅게일은 산스크리트어로 쓰인 어느 우화에 대해 다음과 같이 이야기한다. "이 이야기는 지금은 이름이 잊힌 누군가의 마음속에 처음 떠오른 그날만큼 현대에도 큰 의미가 있고 오늘날에도 매우 중요하다. 그뿐 아니라 지금부터 4,500년이 지난 후에도 생각이 깨어 있는 사람들에게 의미 있는 이야기가 될 것이다. 참된 진실은 산처럼 영원하고 바다처럼 영구적이기 때문이다." 나이팅게일의 이름은 잊히기는커녕 사람들의 마음속에 생생하게 살아 있다. 나이팅게일의 이런 통찰력은 그의 메시지에도 그대로 적용된다. 수십 년 전에 생겨났지만 결코 의미가 퇴색되지 않는, 시대를 초월한 진정한 진실이 담겨 있기 때문이다. 이 책은 꿈을 이루고, 인간관계를 풍요롭게 하며, 인생에서 느끼는 사소한 기쁨을 바탕으로 삶의 목적을 명확하게 찾아내고, 많은 사람에게 유익한 유산을 남길 최선의 자아를 실현하는 여정으로 여러분을 초대할 것이다. 나이팅게일의 말처럼, "다른 무엇도 아닌 자신이 상상한 삶에서 실제로 살아갈 만큼의 용기를 내는 것이 바로 성공이다."

추천 서문

"다른 초에 불을 나눠준다고 해서 초의 불빛이 약해지지는 않는다."

—

얼 나이팅게일

처음 나이팅게일을 만난 것은 40여 년 전이었다. 당시 나는 베스트셀러《놓치고 싶지 않은 나의 꿈 나의 인생》을 쓴 나폴레온 힐^{Napoleon Hill} 박사와 10년째 우정을 쌓으며 그가 책에서 처음 공개한 명확한 성공 법칙을 따르면 누구나 성공할 수 있다는 메시지를 전 세계에 전파하고 있었다. 그 무렵, 나이팅게일은 시카고 방송 채널 WGN에서 라디오 프로그램을 진행 중이었다.

 힐 박사와 함께 그의 신간《놓치고 싶지 않은 나의 꿈 나의 인생 3》을 홍보할 방법을 논의하던 중 나이팅게일이 우리를 찾아왔다. "박사님의 책이 제 인생을 완전히 바꿔놓았습니다. 그 책을 읽기 전에도 이미 책에 적힌 성공 법칙을 모두 알고 있었던 것 같습니다. 하지만 박사님의 책에는 그 모든 법칙이 좀 더 분명하게 기록돼 있었고, 덕분에 명확하게 이해하게 됐죠. 그래서 그 법칙을 활용해보기로 했습니다. 좀 더 구체적으로 말씀드리면 단 2주 만에 소득을 2배로 만들겠다고 마음먹었습니다. 종이를 한 장 꺼내 구체적인 목표를 적었더니 정말로 2주 만에 소득이 2배 늘어났습니다. 우연일지도 모른다는 생각이 들었습니다. 그래서 소득을 다시 2배 늘리기로 마음먹고 구체적인 날짜를 정했습니다. 정해진 날짜보다 빨리 이 목표를 달성한 후 혼잣말을 했습니다. '이건 우연이 아니야. 이게 바로 성공 공식이야.'"

나이팅게일은 힐을 쳐다보며 말을 이어나갔다. "이 책을 출판해주어 얼마나 감사한지 모르실 겁니다. 제 마음을 표현하고 싶습니다. 어떻게든 도와드리고 싶습니다."

나이팅게일은 예상치도 못한 놀라운 제안을 했다. 단 한 푼의 비용도 받지 않고 《놓치고 싶지 않은 나의 꿈 나의 인생 3》을 홍보해주겠다고 약속했던 것이다. 우리는 나이팅게일의 진심을 믿어보기로 했다. 물론 그는 홍보자 역할을 훌륭하게 수행했고 책 판매량은 대폭 늘어났다.

그 주가 채 끝나기 전에 나이팅게일에게 전화를 걸어 감사를 표한 후 이렇게 이야기했다. "공짜를 바라지 않습니다. 우리 책을 방송해주시는 두 번째 주부터는 기존의 홍보 비용을 지불하겠습니다." 나이팅게일의 홍보 활동은 다른 모든 광고·홍보 매체보다 더 효과적이었다.

막역한 사이가 된 우리 세 사람은 자주 모여서 성공의 법칙을 인생에 적용할 수 있도록 돕는 방법에 관해 이야기를 나눴다. 고귀한 목표, 개인적인 목표를 달성하도록 돕는 데 전념하는 이 뛰어난 사람들과 함께 일한 것은 내 인생에서 가장 멋진 경험 중 하나였다. 셋이 모여 회의를 하던 중 나는 나이팅게일에게 그의 생각을 널리 퍼뜨리면 이전보다 훨씬 많은 사람의 삶이 긍정적으로 변화되지 않겠느냐고 제안했다.

나이팅게일은 개인적인 목표를 달성하기 위해 엄청난 노력을 쏟아부었던 것과 마찬가지로 자신의 생각을 널리 퍼뜨리기 위해 부단히 애썼다. 로이드 코넌트$^{Lloyd\ Conant}$와 손을 잡고 나이팅게일 - 코넌트 코퍼레이션을 설립해 많은 사람에게 동기를 부여하는 내용을 녹음하고 전 세계 청취자를 위해 특별 강좌를 진행했다. 이곳은 말 그대로 동기 부여 프로그램 개발, 제작, 계획, 마케팅을 선도한 기업이다.

나이팅게일 - 코넌트 코퍼레이션은 근본적인 성공 법칙을 기반으로 세워졌다. 나는 두 사람의 협업을 선각자 동맹$^{Mastermind\ Alliance}$이라고 불렀다. 두 사람은 완벽히 조화롭게 공통의 목적을 향해 나아갔다. 두 사람은 서로를 보완할 줄 알았다. 코넌트는 비즈니스와 마케팅 분야에서 뛰어난 인물이었고 나이팅게일은 회사의 대변인이었다. 코넌트는 운영을 맡았고 나이팅게일은 이사회를 이끌었다. 두 사람의 협력 덕에 회사는 대성공을 거뒀다.

두 사람에게는 어디에서나 활용 가능한 최고의 자기 계발 자료를 내놓겠다는 목표가 있었다. 이제 나이팅게일과 코넌트 모두 세상을 떠났다. 하지만 두 사람의 이름을 딴 나이팅게일 - 코넌트 코퍼레이션은 확고한 원칙과 가치관, 윤리를 기반으로 설립됐으며 두 설립자가 세상을 떠난 지금까지도 건재하다. 그뿐 아니라, 이 조직은 사람들에게 동기를 부여하는 녹음 자료의 기준을 정립했으며 이런 부류의 뛰어난 녹음 자료와 동의어가 됐다.

나이팅게일은 여러모로 '강 같은 사람river person'이었다. '강 같은 사람'이란 나이팅게일이 다른 위대한 인물을 설명하기 위해 종종 사용했던 표현이다. 나이팅게일은 일찌감치 삶의 목적을 깨닫는 사람들에게 이런 별명을 붙였다. "강 같은 사람들은 가장 흥미진진한 관심사라는 거대한 강 속에서 생을 영위하도록 태어났다. 이들은 그 강 속으로 완전히 뛰어든다." 그는 볼프강 아마데우스 모차르트Wolfgang Amadeus Mozart와 레오나르도 다빈치Leonardo da Vinci를 대표적으로 꼽았다.

나이팅게일을 높은 곳까지 밀어 올린 강, 즉 그의 운명은 남다른 방식으로 수백만 명의 청취자들에게 성공의 법칙을 전달하는 것이었다. 특유의 통찰력 있는 영감을 들려주는 그의 독특하고 걸걸한 목소리나 현명한 글귀를 접한 적이 있는 사람이라면 나이팅게일을 잊지 못할 것이다. 그의 심오한 생각은 수많은 사람을 감동시키고 그들의 인생을 바꿔놓았다.

나이팅게일은 우리 모두가 강 같은 사람으로 태어난 것은 아니라고 한다. 자신만의 강, 즉 자신만의 구체적이고 개별적인 인생의 목적을 찾는 데 좀 더 오래 걸리는 사람도 있다. 나이팅게일은 "중요한 곳에서 발굴 작업을 하는 고생물학자 같은 인내심과 근면함으로" 어떻게든 우리 내면에 무엇이 있는지 찾아내야 한다고 적었다.

이 책의 이야기는 자신만의 강을 찾기 위해 노력하는 과정에서 당신이 자신을 좀 더 잘 이해할 수 있도록 도와주는 열쇠가 될 것이다. 사람들에게 영감을 불어넣는 성공의 메시지를 전달해야 한다는 사명이 나이팅게일을 글쓰기와 녹음, 코넌트와의 협력을 통해 자기 생각을 널리 퍼뜨리는 길로 이끌었듯이, 인생의 목적을 달성하는 순간이 되면 당신도 그 목적을 찾았다는 사실을 깨닫게 될 것이다. 당신의 강은 인생의 불타는 욕망이 될 테고 에너지와 열정으로 당신을 채울 것이다.

얼 나이팅게일이라는 초는 한동안 깜빡거린 끝에 1989년 3월 25일에 영원히 꺼졌다. 하지만 그가 남긴 빛은 계속해서 다른 사람들의 초를 밝히고 있다. 나이팅게일이 남긴 유산은 희망의 불빛이다. 그의 글과 녹음은 오늘날까지도 맨 처음 모습을 드러냈을 때만큼 밝게 빛난다. 그의 유산을 읽고 즐기고, 당신의 인생을 밝히는 것은 모두 여러분의 몫이다.

— 윌리엄 클레멘트 스톤
W. Clement Stone

목차

CHAPTER 1 인생의 성공비법 : 목표설정

CHAPTER 2 개인의 발전을 위해 노력하라

CHAPTER 3 기회를 최대한 활용하라

CHAPTER 4 성공의 길을 걷다

CHAPTER 1

인생의 성공 비법: 목표 설정

세상에서 가장 이상한 비밀

목표가 있는 사람은 성공하고 없는 사람은 실패한다. 그 이유가 무엇일까? 제대로 이해한다면 당신의 삶을 완전히 바꿔놓을 비밀을 지금부터 공개할 생각이다. 이 비밀을 알고 나면 갑자기 행운이 자석처럼 이끌려오고 원하는 것들이 저절로 이뤄지는 듯한 기분이 들 것이다. 지금껏 당신을 괴롭혀온 문제와 걱정거리, 당신의 삶을 갉아먹었던 불안이 모두 사라지고 의심이나 두려움 등은 모두 지난 일이 되어버릴 것이다.

성공의 열쇠이자 실패의 열쇠는 바로 '인간은 생각하는 대로 된다' 는 것이다. 자, 다시 읽어보자. 인간은 생각하는 대로 된다.

인류의 역사를 장식한 위대한 현자, 스승, 철학자, 선지자들은 모두 다양한 문제에 대해 저마다 다른 의견을 내놓았다. 그런 그들이 유일하게 만장일치로 동의한 것은 인간이 생각대로 살게 된다는 것 뿐이다.

로마의 위대한 황제 마르쿠스 아우렐리우스Marcus Aurelius는 "그의 생각이 곧 그의 삶"이라고 이야기했다.

영국의 정치인 벤저민 디즈레일리Benjamin Disraeli는 다음과 같이 이야기했다. "기다리기만 하면 모든 것이 이루어진다. 나는 오랫동안 명상 수련을 하면서 목적이 확실한 사람은 반드시 이를 달성할 수밖에 없으며 목적에 도달하기 위해 존재까지 내던지는 의지에 저항할 수 있는 것은 아무것도 없다는 신념을 갖게 됐다."

미국 시인 랠프 월도 에머슨Ralph Waldo Emerson은 "온종일 생각하는 것이 곧 그 사람 자체다"라고 이야기했다.

〈마가복음〉 9장 23절에는 "믿는 자에게는 능치 못할 일이 없느니라"고 적혀 있다.

나의 오랜 친구 노먼 빈센트 필Norman Vincent Peale 박사는 이렇게 말했다. "이것은 우주에서 가장 위대한 법칙 중 하나다. 아주 어렸을 때 이 법칙을 깨달았더라면 좋았으리라는 아쉬움이 강하게 든다. 이 위대한 법칙을 간단명료하게 설명하면, 부정적인 생각이 부정적인 결과를 낳고 긍정적인 생각이 긍정적인 결과를 가져온다는 것이다. 이 같은 아주 간단한 진실은 번영과 성공에 관한 놀라운 법칙의 근간이 된다. 한 마디로, 믿으면 성공할 수 있다."

꽤 분명하지 않은가? 이 같은 사실을 발견한 모든 사람은 (한동안) 자신이 이 진리의 최초 발견자라고 믿었다. 인간은 생각하는 대로 된다.

어떤 원리가 작동하는 것일까? 왜 생각하는 대로 될까? 지금부터 이 원리에 대해 설명할 생각이다. 이를 위해, 먼저 인간의 마음을 땅에 비유해보자.

한 농부에게 풍요롭고 비옥한 땅이 약간 있다. 이제 땅은 농부에게 선택권을 준다. 농부는 그 땅에 원하는 것을 심을 수 있다. 땅은 농부가 무엇을 심든 상관하지 않는다. 선택은 농부의 몫이다.

우리는 지금 인간의 정신을 땅에 비유하고 있다. 인간의 정신은 땅과 마찬가지로 당신이 무엇을 심든 상관하지 않는다. 정신은 그저 심은 대로 돌려줄 뿐이다.

농부에게는 두 가지 씨앗이 있다. 하나는 옥수수 씨앗이고 나머지 하나는 벨라도나라는 독초 씨앗이다. 농부는 땅에 두 개의 구멍을 판후 첫 번째 구멍에는 옥수수를, 두 번째 구멍에는 벨라도나를 심는다. 흙으로 구멍을 메운 후 물도 주고 땅을 잘 관리하면 어떤 일이 벌어질까? 땅은 언제나 심은 것을 되돌려준다. 《성서》에도 적혀 있지 않은가? "뿌린 대로 거두리라."

기억하는가? 땅은 상관하지 않는다. 땅은 옥수수만큼이나 많은 양의 독초를 되돌려준다. 그렇게 옥수수도 자라고, 독초도 자란다.

인간의 정신은 땅보다 훨씬 더 비옥하고 놀랍고 신비롭지만 결국 작동 원리는 똑같다. 우리의 정신은 성공, 실패, 명확하고 가치 있는 목표, 혼란, 오해, 공포, 불안 등 우리가 무엇을 심건 상관하지 않는다. 그저 심은 대로 우리에게 되돌려줄 뿐이다.

인간의 정신은 지구상에 존재하는 마지막 미개척 대륙이다. 인간의 정신에는 우리의 가장 허황된 생각을 넘어서는 풍요로움이 담겨 있다. 정신은 우리가 무엇을 심건 그대로 되돌려준다.

지금쯤 '그렇다면 사람들은 왜 정신을 좀 더 적극적으로 활용하지 않는가?'라는 의문이 들 수도 있다. 이 질문에 대한 답도 나온 듯하다. 우리는 정신을 기본적으로 가지고 태어난다. 한 마디로 무료다. 사람들은 공짜로 주어지는 것에는 별다른 가치를 부여하지 않고, 돈을 내는 것들만 귀하다고 생각한다.

실제는 정반대다. 우리의 정신, 영혼, 몸, 희망, 꿈, 야망, 지능, 가족과 자녀, 친구, 사랑 등 인생에서 정말로 값을 매길 수 없을 정도로 귀하고 가치 있는 것들은 전부 공짜다.

반대로 돈을 내야만 가질 수 있는 것들은 사실 언제든 대체 가능하다. 능력 있는 사람은 가진 것을 잃는다 해도 몇 번이고 다시 부를 쌓을 수 있다. 심지어 파산하거나 집이 불타더라도 다시 일굴 수 있다. 하지만 공짜로 얻은 것들은 한번 잃으면 결코 대체할 수 없다.

인간의 정신이 제대로 사용되지 않는 것은 우리가 정신을 당연하게 여기기 때문이다. 인간은 보통 익숙해진 것들을 업신여기는 버릇이 있다. 우리의 정신은 우리가 맡긴 일이라면 무엇이든 해낼 수 있다. 하지만 사람들은 대체로 크고 중요한 일보다 사소한 일을 위해 정신을 활용한다. 여러 대학 연구진이 대부분의 인간은 자신이 가진 능력의 10퍼센트 이하만 사용한다는 사실을 발견했다.

그러니 지금 결정해야 한다. 무엇을 원하는가? 답을 찾았다면, 그 목표를 정신에 새겨야 한다. 이것이 인생을 통틀어 가장 중요한 결정이 될 것이다.

우리에게 성공을 안겨주는 바로 그 법칙은 양날의 검이다. 우리는 생각을 제어해야 한다. 인간에게 성공, 부, 행복, 자신과 가족을 위해 꿈꿔왔던 모든 것을 안겨주는 바로 그 법칙이 인간을 시궁창으로 내몰기도 한다. 좋든 나쁘든, 모든 것은 정신을 어떻게 활용하는가에 달렸다. 이것이 바로 세상에서 가장 기묘한 비밀이다!

기항지로의 항해

나는 항구 근처에서 자라는 행운을 누렸다. 어린 시절에는 부두에서 시간을 보내며 배에 짐을 싣고 내리는 것을 구경하곤 했다. 배는 멀리 떨어진 세계 각지의 낭만적인 항구에서 화물을 싣고 왔고 나는 그곳에 서서 온갖 항구를 돌아다니는 행운을 누리는 선원들을 부러움의 눈길로 멍하게 바라보곤 했다. 선원들은 수평선 너머로 내가 상상만 했던 곳이나 지리책에서 보기만 했던 장소를 향해 떠났다.

부두에서 하염없이 보내는 시간이 길어지자 마침내 나의 존재를 알아차린 몇몇 항해사와 선장이 배에 태워줬다. 그곳은 천국과도 같았다. 선원들은 엔진실에서부터 선원 선실에 이르기까지 배 안 곳곳을 구경시켜준 다음 마지막으로 내가 가장 좋아했던 곳인 항해 선교

(항해 중 배의 키를 조종하는 장소-옮긴이)로 데려가줬다. 선교는 전망이 가장 좋았다. 하지만 그게 전부가 아니었다. 배를 제어하고 내가 꿈꿔왔던 모든 먼 곳을 향해 조종하는 장소가 바로 선교였다.

어떻게 이런 경험이 그토록 강렬하게 아이를 사로잡아 평생 인생에 영향을 미치는지 그저 신기할 따름이다. 혼자 여행할 수 있는 나이가 되자마자 나는 곧장 배에 올라타 고향에서 멀리 떨어진 여러 항구를 방문했다. 여정이 얼마나 길건 항해하며 다양한 바다를 바라보는 일이 지겹게 느껴지는 법은 없었다. 이미 가본 곳이라 하더라도 항구에 들어설 때마다 항상 새로운 전율이 찾아왔다.

여러 항구를 찾아다니며 내가 배를 그토록 좋아하는 이유가 무엇인지 알아내려고 애썼다. 이제는 그 답을 찾은 것 같다. 배는 인간이 마땅히 이끄는 대로 움직인다. 하지만 실제로 배와 같은 방식으로 움직이는 사람은 매우 드물다. 배는 언제 어디서건 나아갈 방향을 정해 두고 움직인다. 다시 말해서 미리 정해진 기항지로 항해하건 항구에 머무르며 다른 기항지로 떠날 채비하건 배가 나아갈 방향은 정해져 있다. 먼 곳으로 항해하는 커다란 배의 항해 선교로 올라가 선장에게 도착지를 물어보면 선장은 한 문장으로 즉답할 것이다.

커다란 배의 선장처럼 어디로 가냐는 질문에 즉각 답할 수 있는 사람이 얼마나 될까? 대부분은 원하는 것이 너무 많아서, 혹은 원하는 것이 너무 많다는 생각 때문에 자신의 노력과 정신, 마음을 구체적인 대상에 쏟지 못한다. 이 모든 것이 의심과 혼란으로 이어진다. 말에 뛰어올라 사방으로 끌려다니는 것이나 다름없다. 하나의 중요한 항구를 선택하고 그곳으로 항해한 다음 잠깐 휴식하며 재정비한 후 또다른 항구로 항해하는 것이 얼마나 중요한지 깨닫지 못하는 셈이다. 이런 식으로 한 번에 하나씩 목표를 정하고 달성하는 과정을 반복하다 보면 머지않아 자부심을 느낄 만한 여러 가지 일을 성취해내게 된다. 어떻게 원하는 것을 모두 이룰 수 있을까? 인간에게는 판단력이 있기 때문이다.

여기에 딱 맞는 또 다른 비유가 있다. 어쩌면 이 비유에 가장 중요한 내용이 담겨 있을지도 모른다. 어떤 이유로건 갈 곳 없는 배는 부두에 묶인 채 머물러 있다가 결국 녹이 슬어 쓸모없는 존재로 전락한다. 나중에는 갈 곳이 생겨도 엔진에 시동이 걸리지 않는다. 사람도 똑같다. 바로 이런 이유로 도달하고 싶은 기항지, 다시 말해서 지금보다 나은 목표를 정하는 것이 매우 중요하다. 목표가 없으면 절대로 밧줄을 풀어 던지지 못할 수도 있다. 절대로 엔진의 시동을 걸지도 못하고 여정하는 동안에는 온전히 볼 수 없는 미지의 장소를 향해 항해하는 황홀감을 맛보지 못할 수도 있다. 하지만 우리는 그 장소가 그곳에 있으며, 계속 목적지를 향하기만 하면 결국 그곳에 닿는다는 사실을 잘 알고 있다.

누군가가 오늘 당신을 찾아와 다음 기항지를 묻는다면 항해 선교에 서 있는 선장처럼 단 한 문장으로 답할 수 있는가? 그럴 수 없다면 당신의 목적지가 어디인지 생각해볼 때다.

목표 설정을 위한 팁

정신과 임상 부교수 아리 키예프Ari Kiev 박사는 다음과 같이 설명한다. "정신과 의사로 일하면서 사람들의 개인 목표를 발전시키도록 돕는 것이 문제를 해결하는 가장 효과적인 방식이라는 사실을 발견했다. 역경을 이겨낸 사람은 정해진 목표를 달성하기 위해 온 힘을 다했다는 사실에 주목했다. 모든 에너지를 구체적인 목표에 집중시키기로 마음먹는 순간 그들은 가장 어려운 역경을 극복하기 시작했다."

키예프 박사는 저서 《일상생활을 위한 전략A Strategy for Daily Living》에서 이렇게 말한다. "성공적인 삶을 위해서는 무엇보다 목표 설정이 중요하다. 목표 달성을 위한 가장 중요한 단계는 먼저 목표를 정의하는 것이다. 성취 가능한 목표를 정리할 시간을 적어도 하루에 30분은 가져야 한다. 한 달 동안 매일 이런 시간을 쌓아보자. 한 달쯤 지나 성취 가능한 목표 목록에서 가장 중요한 목표를 따로 기록해두자. 그 기록을 들고 다니며 매일 되새겨보는 것이다. 마치 그 목표를 이미 달성한 것처럼 해당 목표에 대한 구체적인 심상mental image을 만들어내자."

키예프 박사는 다음과 같이 지적한다. "심리 검사에서는 꿈이 내면의 바람을 반영한다고 본다. 다양한 방식으로 꿈을 분석해 당신의 특별한 재능이나 강점을 알아낼 수 있다. 다만 한 가지 방법이 모두에게 통하지는 않는다. 예를 들면, 당신의 마음을 사로잡는 신문 기사를 스크랩하는 데서 시작할 수도 있다. 30일이 지난 후에 관심사나 타고난 성향이 드러나는 추세를 살펴보자. 설사 우스꽝스럽거나 중요하지 않더라도 특별한 기술이나 재능에 대한 사소한 징후를 주의 깊게 살펴야 한다.

이 경험을 통해 당신에게 어떤 잠재적인 강점이 있는지 알 수 있다. 강점이나 재능을 발견할 때마다 이를 더욱 발전시킬 다섯 가지 방법을 떠올려보라. 이 방법들 역시 따로 적어두었다가 주기적으로 확인하며 마음에 새겨야 한다.

한 번에 하나의 목표에 집중해야 한다. 인간의 두뇌는 서브 메커니즘serve-mechanism(자동 제어 시스템의 일종-옮긴이)처럼 일단 목표가 정해지면 노력이 결실을 맺을 수 있도록 이런 정신적인 과정을 동원할 것이다. 당신은 결국 자신의 기대에 부합하게 행동하게 되고 그 결과 당신의 꿈은 현실이 된다. 목표에 도달한다고 믿으면, 달성할 때까지 계속해서 매진하게 된다."

키예프 박사는 평화를 깨뜨리는 다섯 가지 위협적인 적, 즉 탐욕, 야심, 질투, 분노, 교만의 감정을 경계해야 한다고 지적한다. 이탈리아 시인 페트라르카Petrarca는 "이런 적이 사라지면 우리는 틀림없이 영구적인 평화를 누리게 될 것"이라고 이야기했다. 오래된 조언이지만 진리를 담고 있다. 하지만 오랫동안 잊힌 조언이기도 하다. 우리 인간은 배우는 데 그치지 않고 중요한 것을 끝없이 되새겨야 한다. 페트라르카는 이미 14세기에 이 사실을 잘 알고 있었다.

키예프 박사는 한 젊은 사업가 때문에 책을 쓰기로 마음먹었다. 그 사업가는 개인적인 문제 때문에 상당한 혼란과 절망에 빠졌을 때 전문가의 도움 없이도 제 역할을 충분히 해낼 수 있도록 이끌어주는 지침이 필요하다고 이야기했다.

그러니 키예프 박사의 훌륭한 조언을 받아들이자. 그리고 실패를 두려워해서는 안 된다. 그리스 역사가 헤로도토스Herodotus가 이야기했 듯 "어떤 일이 일어날지도 모른다는 두려움에 사로잡혀 비겁한 태도로 무기력하게 사는 것보다 당당한 뱃심을 갖고 예상되는 불행에 절반쯤 노출되는 편이 낫다."

동기를 부여하는 위대한 욕망 찾기

갇혀 있는 에너지를 깨우는 열쇠는 바로 욕망^{desire}이다. 욕망은 오랫동안

흥미진진하게 살기 위한 열쇠이기도 하다. 어떤 것이든 추진력을 얻고

싶다면, 마음에서 우러나는 진정한 힘을 키우고 싶다면 먼저 흥이 나야

한다.

남들은 이틀에 걸쳐 할 일을 단 하루 만에 해내는 사람들은 대체
어디에서 그 모든 에너지와 추진력을 얻을까? 인간의 추진력과 에너
지의 원천은 이미 잘 알려져 있다. 바로 동기를 부여하는 위대한 욕
망에서 나오는 흥이다.

아침에 잠에서 깨어나 온종일 열심히 일하는 이유를 물어보면 대

부분은 아마도 대답하기까지 잠깐 망설일 것이다. 생각을 정리하고 마침내 입을 연 사람들은 대개 "음. 월세를 내야 하거든"이라거나 "먹고살아야 하니까"라는 식으로 답할 것이다. 이런 대답에서는 그 어떤 흥도 느껴지지 않는다. 그러나 따분하게 살기에는 인생이 너무 짧다. 집과 음식이 삶에서 필수적인 요소이긴 하다. 하지만 노숙 생활 중이거나 굶어 죽을 지경이 아니라면 잘 곳이나 먹을 것이 있다는 사실만으로 흥을 느끼기는 쉽지 않다.

물론 아침에 일어날 흥이 나는 이유가 없어도 괜찮을 수 있다. 하지만 이럴 경우 평범함을 넘어선 성취를 얻지 못할 가능성이 크고, 마음을 달리 먹었더라면 충분히 즐길 수 있는 재미와 보상을 모두 놓치게 된다. 동기를 부여하는 위대한 욕망이 없으니 뛰어난 일을 해낼 추진력을 얻기 어렵다.

갇혀 있는 에너지는 욕망만이 깨울 수 있다. 욕망은 오랫동안 흥미진진하게 살기 위한 열쇠이기도 하다. 누군가가 원하는 대로 움직이기 바란다면 우선 흥이 나게 해야 한다. 우리 내면에 존재하는 진정한 힘, 즉 추진력을 만들어내고 싶다면 이 또한 먼저 흥이 나야 한다. 자신이 무엇을 열렬히 갈망하는지 잘 알아차리는 게 중요하다. 다시 말해서 무언가를 가지거나, 이루어내거나, 되는 상상을 반복하고 그 상상력의 심지가 되어줄 목표를 세워야 한다.

모 회사에서 일하는 한 남자는 모든 직원으로부터 존경받았다. 유심히 살펴보니 그는 회사와 제품, 시장, 경쟁 업체에 대해 빠짐없이 잘 파악한 사람이었다. 언제나 고객을 이해하고 고객에게 닥친 문제를 파악하기 위해 애쓰는 노력에다가 남을 편안하게 해주는 태도, 바른 인성이 더해져 훌륭한 직원으로 손꼽힌 것이었다. 이 모든 것이 어떻게 가능해졌는지 묻는 질문에 남자는 이렇게 답했다. "몇 년 전 이 회사에 왔을 때 우리 담당 지역 중 한 곳의 관리자가 되기로 마음먹었습니다. 그 자리에 서기 위해 할 수 있는 모든 일을 다 했습니다."

바로 이것이다. 그의 머릿속에서 그는 이미 관리해야 할 지역이 있는 관리자였다. 관리자로서의 모습을 머릿속에 그려 넣고 그 일자리에 걸맞은 행동을 했을 뿐이다. 그는 이 모든 과정을 굉장히 즐겁게 받아들였다. 지역 관리자라는 구체화된 상상 속 자기 모습에 매료된 그는 그 속에서 지역 관리자로서 필요한 열정과 에너지, 추진력을 모두 찾아냈다. 기존의 직책을 수행하는 것은 물론 그가 하는 말과 행동은 지역 관리자의 심상과 일치해야만 했다. 자신이 정한 목표를 이루기 위해 최선을 다했기 때문에 그는 남들과 다른 탁월한 모습을 보일 수밖에 없었다.

이 직원은 당연히 지역 관리자 자리를 꿰찰 테고, 꿈을 이룸으로써 얻는 다른 혜택들도 모두 손에 쥐게 될 것이다. 남다른 추진력과 에너지를 가진 사람, 다른 사람들보다 뛰어난 사람은 자신의 목표를 구체적으로 그려낼 줄 안다. 그들은 항상 특유의 추진력으로 그 이미지를 현실로 만들고, 목표에 도달하고자 하는 힘과 욕망에 정비례한다.

목표에 절대로 도달할 수 없을까 봐 걱정할 필요는 없다. 대부분이 간과하는데, 인간에게는 이상하고도 놀라운 점이 하나 있다. 바로 실제로 가질 수 없는 것을 진심으로 열망하지는 않는다는 점이다. 회사

임원직이건, 당신과 가족이 원하는 바에 걸맞은 소득 수준을 높이는 것이건 구체적으로 떠올렸을 때 신이 나고 그 욕망이 충족됐을 때 어떤 기분이 들지 명확하게 상상할 수 있다면, 당신은 그 욕망을 이룰 수 있다.

영국 소설가 아널드 베넷^{Arnold Bennett}은 우리의 욕망이 모호한 갈망이나 정의되지 않은 소망으로는 자극받지 않는다고 했다. 생산적인 욕망은 진정하고 분명하며, 우리를 결코 홀로 내버려두지 않는다. 항상 마음속 전면에서 우리를 자극하고 부추긴다. 일종의 집념이자 채찍이다. 그 어떤 자비도 없고 우리가 진정으로 바라는 것을 얻을 때까지 절대로 충족되지 않는다.

자, 그렇다면 당신은 어떤가? 떠올릴 때마다 가슴이 뛰는 당신만의 목표가 있는가? 있다면 목표를 달성하는 데 필요한 추진력과 에너지를 걱정할 필요가 없다. 하지만 이런 추진력과 에너지가 부족하다면 이제는 구체적으로 생각해볼 때다. 다른 무엇보다 중요한 꿈이 무엇인지 결정해야 한다. 그다음 그 꿈을 현실로 만들기 위해 노력해야 한다. 당신은 얼마든지 할 수 있으며 당신에게는 이미 필요한 추진력과 에너지가 내재되어 있다.

장기 목표와 단기 목표

인도의 한 호랑이 사냥꾼이 갑자기 나타난 거대한 벵골 호랑이 때문에 깜짝 놀랐다. 호랑이가 사냥꾼을 덮치기 직전이었다. 사냥꾼은 얼른 총을 쐈지만 총알이 멀리 날아가는 바람에 호랑이를 명중시키지 못했다. 호랑이는 사냥꾼에게 겁을 먹고 총소리에 깜짝 놀라는 바람에 너무 높이 뛰어올라 사냥꾼을 놓치고 말았다.

야영지로 돌아온 사냥꾼은 몇 시간 동안 연습해 단거리 조준과 신속하게 총을 쏘는 기술을 완벽하게 연마했다. 다음날, 사냥꾼은 다시 호랑이를 찾아 헤맸다. 마침내 호랑이를 발견했다. 그 호랑이는 전날보다 짧게 도약하는 법을 연습하고 있었다.

짧지만 유쾌한 이 이야기는 우리가 앞으로도 수없이 말하게 될 주제인 목표에 대해 생각하게 한다.

차분하게 앉아서 당신이 원하는 것을 모두 정리한 목록을 작성해본 적이 있는가? 매우 흥미로운 이 실험을 하다 보면 몇 가지 놀라운 사실을 깨닫게 될 것이다. 목록을 만들다 보면 당신이 진심으로 원했던 것 중 대부분을 이미 갖고 있음을 깨닫게 될 수도 있다. 그렇지 않다면 그중 대부분 혹은 일부분이라도 갖는 순간과 가까워졌을 것이다.

목록화할 때 당신이 간절하게 원하지만 갖지 못한 이유가 무엇인지 질문을 던져봐도 좋다. 아마도 그다지 열심히 노력하지 않았을 가능성이 크다. 혹은 여러 가지 이유 때문에 당신의 능력이 못 미친다고 느꼈을지도 모른다. 하지만 다시 생각해보면 매우 가치 있는 목표일 수도 있다.

어쨌든 당신이 원하는 바를 정리한 두 가지 목록을 만드는 것이 좋다. 첫 번째 목록에는 경력 혹은 인생이나 가족에게 전반적으로 도움을 주는 큰 목표를 정리한다. 달성하기 위해 열심히 노력 중인 직위와 소득, 좀 더 높은 단계의 학위, 계좌에 저축된 일정한 금액의 돈, 성공을 거둔 후 안정기에 접어든 비즈니스, 눈여겨봤던 아름다운 집 등이 여기에 포함될 수 있다.

다른 목록에는 좀 더 재미있는 것들을 적어 넣을 수 있다. 갖고 싶던 차, 집 인테리어, 새 가구 구입, 해외 등 특별한 장소로의 여행, 새 옷 구입 등이 모두 여기에 포함될 수 있다. 바로 오직 가지고 싶다는 이유만으로 정리한 목록이다.

이제 다시 호랑이 이야기를 해야 할 때가 됐다. 우리 모두에게는 장기적인 목표가 있다. 이 목표를 첫 번째 목록에 적어두고 중요도에 따라 순서를 매겨야 한다. 이 목표들을 달성하기까지는 5년 이상 걸릴 수도 있다. 우리에게 가치가 매우 큰 목표들을 달성하기 위해 매일 노력해야 한다. 장기 목표는 우리 삶에 의미와 방향성을 제시하고 삶을 실속 있게 만든다.

단기 목표도 필요하다. 단기 목표는 우리의 삶에 열정과 흥미, 재미를 더해주며, 장기 목표를 달성하기 위해 오랫동안 견뎌야 하는 단조로움을 깨뜨린다. 우리는 단거리 점프도 연습할 필요가 있다.

자신의 바람에 솔직해지면 매일 달라질 것이다. 그뿐 아니라 특별한 목적도 없고 공허한 바람이 아니라 진심으로 원하는 바를 깊이 떠올리면 결국 그 모든 목표를 이룰 수 있다는 사실을 깨닫게 될 것이다. 한 번에 하나씩 목표를 달성하기 위해 노력한다면 놀라울 만큼 단기간에 원하는 바를 이룰 수 있다.

이런 말이 있다. "사람들은 무엇이든 자신이 원하는 바를 가질 수 있다. 문제는 자신이 무엇을 원하는지 모른다는 사실이다." 한두 시간쯤 혼자 조용히 두 가지 목록을 만들어보자. 재미와 보람을 느낄 수 있을 것이다.

목표가 바닥나면 어떤 일이 벌어질까

다음 질문에 답을 해보자. 첫째, 누군가와 처지를 완전히 바꿀 수 있다면 바꾸겠는가? 바꾸고 싶은 그 사람이 누구인가? 둘째, 당신이 원하는 직장에서의 일은 지금 하는 일과 다를 것이라고 생각하는가? 셋째, 어디든 당신이 원하는 곳에서 살 수 있다면 그곳으로 옮기겠는가? 넷째, 열두 살로 돌아가 다시 인생을 살 수 있다면 그렇게 하겠는가?

연구를 통해 대다수는 현재의 삶에 어느 정도 불만이 있으며 행복하지 않아 보여도 네 가지 질문 모두에 "아니오"라고 답한다는 사실이 드러났다. 이 같은 연구 결과를 보니 오랜 노력 끝에 원하는 것을 모두 이뤘더니 점점 더 우울한 시간이 늘어났다고 고백한 어느 변호사 친구가 떠오른다. 성공적인 커리어에 돈도 많이 벌고 있으며 근사한 집에 사랑하는 아내와 자녀도 있다. 오랫동안 꿈꿔왔던 일이 마침내 모두 이뤄진 셈이다. 그럼에도 친구는 이상하게 손가락 하나 까딱할 힘도 없고 인생의 모든 재미와 열정도 잃었다. 친구는 자신이 무기력하고 불행한 이유를 단 하나도 떠올릴 수 없다고 했다.

목표가 바닥나면 흔히 관찰되는 상태다. 이런 상황이 계속되면 인생이라는 게임이 망가지기 시작한다. 이럴수록 성공적이고 열정적인 삶을 위한 기본 원칙을 스스로에게 일깨워야 한다. 첫 번째는 노력할 만한 가치가 있는 것들을 찾아야 한다는 규칙이다. 그렇지 않으면 다른 모든 것, 심지어 이전에 이뤄낸 가장 눈부신 성취와 사람들의 이목을 사로잡는 모든 세속적인 성공조차도 시들해진다. 인생 목표를 달성하는 것은 크리스마스 아침에 선물을 열어보고, 사랑하는 사람들이 선물을 여는 모습을 지켜보는 것에 비유할 수 있다. 우리는 모두 크리스마스를 고대하며 계획을 세우고, 그날을 기대하며 열심히 일하다 보면 크리스마스 날이 찾아온다. 자, 선물을 다 열고 나면 그 다음에는 어떻게 해야 할까?

생각과 관심을 다른 것에 돌려야 한다. 성공적인 소설가는 작업 중인 책을 끝내기도 전에 다음 집필 계획을 세우기 시작한다. 과학자들은 항상 프로젝트를 끝내는 순간에 이미 새롭고 도전적인 무언가를 가슴에 품고 있다. 젊은 부부는 아이들을 키우고 학교에 보내고 새 집을 사고 승진하기 위해 열심히 일한다.

이미 목표를 모두 달성해버려 더는 자신을 자극하고 방향성을 제시하는 새로운 도전과제가 없는 수많은 40~50대 중년층에게 인생에서 가장 힘든 시기가 찾아오는 경우가 많다. 다시 말해서, 인생의 새로운 의미를 찾기 위해 고군분투하는 시기인 것이다. 과거와 같은 흥미와 활력을 되찾고 싶다면 반드시 인생의 의미를 곱씹어보아야 한다.

이 같은 사실을 제대로 이해한다면 새로운 의미를 찾기 위한 과정 자체가 인생에 새로운 흥미를 불어넣을 수 있다. 자신에게 이렇게 이야기해야 한다. "좋아. 난 목표한 것을 모두 이뤘어. 이제 새롭고 흥미로운 것을 다시 찾으면 돼."

열두 살로 되돌아가고 싶냐는 질문은 대부분의 응답자에게 공포에 가까운 두려움을 안긴다. 사람들은 무엇을 준대도 돌아가고 싶지 않다고 생각한다. 이런 대답은 대부분이 스스로 그렸던 삶을 살고 있으며 자신이 진정으로 원하는 것, 혹은 적어도 기꺼이 만족할 만한 것을 이미 갖고 있거나 얻는 중이라는 결론을 내릴 수 있다.

주어진 상황이 그리 나쁘지 않음을, 좀 더 즐겨도 괜찮다는 사실을 깨닫는다면 인생이 훨씬 재미있어질 것이다.

성공은 지금, 여기에서 시작된다

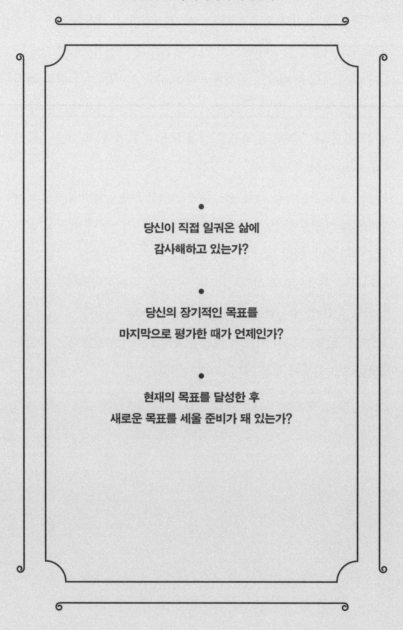

당신이 직접 일궈온 삶에
감사해하고 있는가?

당신의 장기적인 목표를
마지막으로 평가한 때가 언제인가?

현재의 목표를 달성한 후
새로운 목표를 세울 준비가 돼 있는가?

강 혹은 목표

커다란 성공을 거두는 부류는 대개 둘로 나뉜다. 이번에는 그들에 대해 이야기해보자.

첫 번째는 '강'으로 분류되는 사람이다. 그들은 항상 그렇지는 않지만 대개 일찌감치 관심이 가는 거대한 강을 찾아내 마음껏 자유분방하게 그 속으로 뛰어든다. 그들은 그 속에서 일하고 놀며 제법 즐겁게 인생을 보낸다.

그 강은 누군가에게는 특정 분야의 과학일 수도 있고 다른 누군가에게는 예술 분야의 하나일 수도 있다. 예를 들면, 의술을 펼치는 데 매우 몰두해 진료 현장을 떠나지 않는 의사도 있다. 이런 의사는 열여섯 시간씩 일한 후에도 다시 고된 진료 현장으로 돌아가고 싶어서 어쩔 줄 모른다. 다른 관심사에 빠진 의사에게는 퇴근 시간이 반가운 보상으로 여겨질 수도 있다.

사업을 하건 직장 생활을 하건 전문 직종에 종사하건 그들은 강 속에 있을 때 가장 행복하고 살아 있는 듯한 기분을 느낀다. 이런 사람에게는 아침마다 당연히 해가 떠오르듯 성공이 찾아올 수밖에 없다. 사실 그들은 위대한 관심 분야를 찾아낸 순간 이미 성공을 거머쥐었다 해도 과언이 아니다. 세속적인 성공의 요소들은 결국 언제나 뒤따르게 마련이다. 이런 사람들은 "어떻게 살아야 할까요?"라고 묻지 않는다. 그들은 일이 자석처럼 그들을 끌어당겨서 다른 일을 하며 살아가는 삶을 상상조차 하지 못한다.

누구나 주변에 이런 사람이 한둘 쯤은 있을 것이다. 혹은 이런 사람에 대해 들어본 적이 있을 것이다. 이들에게는 일로써 얻는 보상보다 그 일을 한다는 사실 자체가 훨씬 더 중요하다.

두 번째는 목표 지향적인 부류다. 그들은 반드시 자신에게 꼭 맞는 강을 찾지는 않는다. 다양한 일을 하면서도 제법 행복하게 살 수 있다. 이들에게는 자신이 세운 목표가 더 중요하며, 원하는 목표로 이어지는 많은 길이 있다는 사실을 잘 안다.

누군가 이렇게 이야기한 적이 있다. "진심으로 갖겠다는 마음만 먹으면 무엇이든 가질 수 있다. 문제는 대부분이 그 어떤 마음도 먹지 못한다는 것이다." 목표 지향적인 사람들은 자신이 원하는 것에 대해 굳은 마음을 먹고 목표가 실현될 때까지 관심과 열정을 쏟는다. 그런 다음 현명한 사람들은 새로운 목표를 정한다.

두 번째 부류의 문제 중 하나는 여러 목표를 달성해 성공하고 나면 무기력하고 불행해진다는 것이다. 반면에 첫 번째 부류는 그렇지 않다. 강 같은 사람들은 자신이 하는 일에 절대로 관심이 사그라지지 않는다.

커다란 성공을 원한다면 강 같은 사람이나 목표 지향적인 사람이 돼야 한다. 혹은 두 부류에 모두 해당해야 한다. 사실 이 둘은 상호 배타적이지 않다.

중요한 것은 목적지가 아니다

원하는 바를 아는 사람은 자신이 어떤 사람이 돼야 하는지 잘 알며, 그에 걸맞게 스스로 대비하고 발전시키는 데 관심을 쏟는다.

콘스탄티노스 카바피^{Constantine Cavafy}가 남긴 그리스의 위대한 시 〈이타카^{Ithaka}〉는 중요한 것은 도착지가 아니라 그 길로 가는 여정과 그 과정에서 마주치는 모험이라는 사실을 일깨워준다. 세르반테스^{Cervantes}도 같은 말을 했다.

　이는 가장 이해하기 어려운 진실 중 하나인 듯하다. 물론 그렇다고 해서 인생의 목표가 중요하지 않다는 뜻은 아니다. 오히려 그 무엇보다 중요하다. 인생의 목표, 즉 멀리 떨어진 목적지가 없으면 여정 자체가 아예 시작되지 못한다. 다람쥐 쳇바퀴 돌 듯이 작은 섬을 에워싼 해안선을 따라 끝없이 빙글빙글 도는 삶이 될 것이다. 우리 모두에게는 달성하기 위해 노력해야 하는 위대하고 원대한 목표가 필요하다. 다만 우리가 찾고자 하는 목표라는 전설의 땅에는 떠나온 땅과 매우 유사한 해안이 있으며, 그 땅의 목적은 휴식이 아닌 그 땅 자체라는 사실을 명심해야 한다.

목적지보다 그곳으로 가는 방법이 더욱 중요하다. 집을 지었다는 사실보다는 거대하게 지을지, 평범하게 만들지, 심플하게 만들지 결정해야 한다. 우리가 살고 있다는 사실 자체는 살아가는 방식만큼 중요하지 않다.

사람들은 종종 이런 오해 때문에 불행하고 불안한 상태를 벗어나지 못한다. 사람들은 여행을 즐기는 법을 잊어버린다. 자신이 진짜로 찾는 것이 무엇인지, 혹은 진짜로 찾아야 할 것이 무엇인지 잊는다. 즉 자기 자신을 찾아야 한다는 사실을 잊는다. 우리는 모두 자기 자신이라는 섬을 향해 항해해야 한다. 그리스 신화에 나오는 율리시스의 여행처럼 수많은 위험과 고난이 따를 것이다. 하지만 이 힘든 여정은 우리 삶에 진정한 의미를 부여한다. 그 과정에서 우리는 풍성한 보상과 예상치 못한 갖은 이익을 얻게 된다.

다시 말해서, 답하기 힘든 질문을 던져야 한다. 나는 어디로 가고 있는가? 왜 그곳으로 가는가? 내가 진정으로 원하는 것은 무엇이고, 왜 그것을 원하는가? 나는 내 안의 잠재력을 실현하고 있는가? 내 최고의 재능과 능력을 발견하고 최대한 활용하고 있는가? 나는 이 세상에서 살아갈 수 있는 단 한 번뿐인 기회를 온전히 누리고 있는가? 나는 진정으로 살고 있는가? 나는 누구인가?

모두 자문하고 답해봐야 하는 질문이다. 에머슨은 "우리는 아름다운 것을 찾기 위해 전 세계를 여행하지만 스스로 아름답지 않으면 이를 찾을 수 없다"고 이야기했다.

당신이 찾는 것이 평화건 행복이건 재물이건 위대한 성취건 간에 먼저 당신의 내면을 들여다봐야 한다. 우리가 겉으로 행하는 모든 일은 결국 우리의 내면이 표출된 것이다. 그 외에 다른 것을 요구하는 것은 떡갈나무에서 사과를 찾는 것만큼이나 터무니없다.

따라서 원하는 바를 아는 사람은 자신이 어떤 사람이 돼야 하는지 잘 알며, 그에 걸맞게 스스로 대비하고 발전시키는 데 관심을 쏟는다. 마음속에 품은 이상을 향해 발전해나가다 보면 그 과정에서 관심과 열정, 재미를 발견할 것이다. 이런 사람은 내일을 기대할 뿐 아니라 오늘을 즐긴다. 어제 그토록 고대했던 내일이 바로 오늘이고, 현재에서 의미와 가치를 찾지 못하면 미래에도 마찬가지라는 사실을 잘 알고 있기 때문이다. 오늘은 5년 전 당신이 꿈꿨던 미래다. 당신은 5년 전에 생각했던 것만큼 오늘을 즐기고 있는가? 그때의 당신이 도달하고자 했던 지점에 도달했는가?

우리는 이에 대해 깊이 생각해봐야 한다.

성공은 지금, 여기에서 시작된다

CHAPTER 2

개인의 발전을 위해 노력하라

부정적인 기운을 없애라

성숙한 사람은 목적의 힘, 정신의 힘, 인성의 힘을 얻기 위해 부단히 노력한다. 오직 이것들만이 우리에게 평화와 평온, 기쁨과 성취를 준다.

어린 시절에 담임 교사가 칠판에 "아니다$^{ain't}$"라는 표현을 적었던 기억이 난다. 그는 학생들에게 오랫동안 그 글씨를 쳐다보게 한 다음, 마지막으로 아주 천천히 칠판을 지웠다. 교사는 칠판을 지우며 우리에게 마음속에서도 그 단어를 지우고 다시는 사용하지 말라고 이야기했다. 그 단어는 칠판에서 흔적도 없이 사라진 것처럼 우리 마음속에서도 사라졌다. 나는 그 사건을 잊은 적이 없다. 교사의 그 행동은 효과적이었다.

우리도 가끔 인생의 칠판을 깨끗하게 지워야 할 때가 있다. 발전을 막는 유익하지 않은 생각과 행동, 특정한 감정에 직면했다면 깨끗하게 지워야 한다. 그것들 중 일부는 우리 인생을 망가뜨리고 우리가 추구하는 성공을 앗아갈 수 있다.

집 근처 땅 위로 솟아 있는 거대한 화강암 덩어리를 한 남자가 발견했다. 끌과 망치를 챙긴 남자는 금세 멋진 코끼리를 조각했다. 남자가 조각한 코끼리가 마당에서 풀을 뜯는 진짜 코끼리와 꼭 닮았기에 그 모습을 본 이웃과 행인 들은 깜짝 놀랐다.

한 친구가 전문 조각가도 아니고 참고할 코끼리도 없는데 어떻게 그토록 정확하게 재현했는지 물었다. 남자는 이렇게 답했다. "그냥 코끼리처럼 보이지 않는 부분을 모조리 깎아냈다네."

풍요롭고 보람 있는 삶을 위해서는 특정한 자질과 지식을 갖춰야 한다. 동시에 해로운 태도, 미신, 감정 등을 서서히 제거해야 한다. 다시 말해서 자신이 가장 되고 싶어 하는 사람이 하지 않을 만한 모든 태도를 없애야 한다.

성숙한 사람은 목적의 힘, 정신의 힘, 인성의 힘을 얻기 위해 부단하게 노력한다. 오직 이런 것들만이 우리에게 평화와 평온, 기쁨과 성취를 줄 수 있기 때문이다.

바람직하지 않은 태도 중에 가장 먼저 없애면 좋은 것이 있다. 바로 다른 사람을 향한 적대감이다. 증오와 적대감을 없애는 것은 45킬로그램짜리 역기를 내려놓는 것과 같다. 물론 누군가를 증오한다고 해서 남에게 피해를 끼치는 것은 아니다. 하지만 증오라는 감정은 무엇보다 우리 자신에게 커다란 해가 된다. 얼굴과 태도, 인생에서 증오의 폐해가 드러난다. 증오나 사소한 분개의 감정은 품기만 해도 궤양, 고혈압, 장염, 심장병 등이 생길 수 있다. 그뿐 아니라 이런 해로운 감정은 창의력과 승부욕 등을 꺾어버린다.

실제로 피해를 보았건 아니건 '복수'를 꿈꾸고 계획하는 데 인생을 바치는 것은 성장을 거부한 미성숙한 사람들이나 하는 행동이다. 역사를 돌아보면 복수의 칼날은 결국 자신에게 돌아온다.

에이브러햄 링컨Abraham Lincoln은 원한을 품지 않던 것으로 유명했다. 링컨은 에드윈 M. 스탠턴Edwin M. Stanton, 윌리엄 H. 수어드William H. Seward, 새먼 P. 체이스Salmon P. Chase 같은 정적을 내각에 앉혔다.

영국의 뛰어난 국무총리 벤저민 디즈레일리Benjamin Disraeli는 자신을 격렬하게 반대한 많은 사람에게 호의를 베풀었다. 그는 이렇게 이야기했다. "나는 굳이 복수를 당하고 싶은 마음이 없다. 누군가가 나에게 피해를 끼치면 그저 그 사람의 이름을 종이에 적어 서랍 속에 넣은 후 잠가버린다. 그렇게 낙인찍은 사람들은 어떻게 하나같이 사라져버리는 재주를 가졌는지 참으로 놀랍다."

인생의 칠판에서 온 힘을 다해 증오, 자기 연민, 죄책감, 후회를 지워버려야 한다. 우리에게는 현재와 미래뿐이다. 과거는 바꿀 수 없지만 현재와 미래는 우리가 원하는 대로 될 수 있다.

나를 창조하는 사람은 바로 나 자신

당신을 창조한 사람은 바로 당신이다. 전혀 의심할 필요가 없다. 무언가를 하고, 하지 않겠다는 선택이 지금의 당신을 만들었다.

덴마크의 철학자 쇠렌 키르케고르Søren Kierkegaard는 "자아는 단지 무언가가 되어가는 과정일 뿐"이라고 했다. 따라서 자아라는 전신 거울 앞에 서면 자신이 어떤 작품을 만들어냈는지 잘 살펴볼 수 있다.

우리는 집을 떠나 새로운 사람이 된다. 소설가 토머스 울프Thomas Wolfe가 깨달았듯 우리는 이제 집으로 돌아갈 수 없으며 더는 예전의 방식이 어울리지 않는다. 우리는 예전에 살던 집을 방문한 후 일상으로 돌아가기 위해 다시 집을 떠나면서 도대체 무슨 일이 있었는지, 문제가 생겼다면 도대체 왜 그토록 이상해졌는지 궁금해한다. 하지만 실상은 그저 우리가 달라진 것뿐이다. 예전의 집으로 돌아가는 것은 10대에게 두 살 때 신었던 신발을 신기려고 애쓰는 것이나 다름없다. 그 신발은 이제 더는 맞지 않는다.

우리는 우리 자신을 새로운 사람으로 만들었다. 우리가 직접 내린 결정이 우리를 새로운 사람으로 재탄생시켰다. 물론 돌아갈 수는 없다. 설사 갈 수 있다 하더라도, 그동안 저질렀던 많은 실수를 뼈저리게 실감하면서도 대부분 되돌아가지 않는 쪽을 택할 것이다. 우리 모두에게 이번 생은 처음이며 앞으로 좋은 결정을 내릴 시간이 많다는 사실을 기억해야 한다.

의사 결정에 관한 한 가지 규칙은 내면의 목소리에 귀를 기울이고 성장 중심적인 결정을 내리려고 노력해야 한다는 것이다. 정말로 가만히 멈춰 서 있을 수는 없다. 설사 그러고 싶다 하더라도 가만히 있기는 힘들다.

곤궁한 살림을 꾸려나가는 많은 어머니가 자녀에게 "열심히 공부해서 성공한 사람이 되거라"라고 말한다. "성공한 사람이 된다"라는 오래된 표현을 구체화하는 것은 바로 우리 자신이다.

하지만 대부분은 신중을 기한다. 다시 말해서, 실패할 위험이 가장 적어 보이는 결정을 한다. 하지만 이런 선택을 하면 한 인간으로서의 진정한 잠재력에 한참 못 미치게 된다. "쉬엄쉬엄해", "나서지 마" 같이 널리 사용되는 표현은 말할 것도 없고 "나는 위험을 자초하지 않을 거야"라거나 "평지풍파를 일으키지 마" 같은 말은 모두 온전히 확장된 삶을 살거나 인생의 최전선에서 치열하게 살아가기를 주저하는 마음을 나타낸다. 비즈니스 분야를 생각해보면, 혁신과 관련된 제안이 나올 때마다 고지식한 상사가 등장해 "다른 어떤 회사가 그런 혁신을 하고 있지?"라고 물어볼 것이다. 그 아이디어가 완전히 새로운 것이 아니며 다른 누군가가 이미 그 방안을 시험했다는 증거를 원하는 것이다.

컬럼비아대학교의 시드니 후드[Sidney Hood] 교수는 "오랜 관찰 끝에 인간은 인생의 풍요보다는 두려움 때문에 한층 커다란 박탈감을 느낀다"고 설명한다.

두 가지 중요한 역량을 키워라

마음과 정신을 키우려면 뜨겁게 사랑하고 명료하게 생각해야 한다. 그렇게 하면 원하는 것, 필요보다 더 많은 것이 저절로 찾아온다.

에리히 프롬^{Erich Fromm}이 편집한 작은 문고판 도서 《인간의 본성^{Nature of Man}》에는 "인간은 사랑과 이성을 발전시키는 한 인간으로서의 잠재력을 실현하는 경향이 있다"라는 문구가 나온다. 이를 자신이 얼마나 잘 해내고 있는지 자문해봐도 좋을 듯하다. 사랑과 이성이 성장하는 만큼 우리는 인간으로서의 잠재력을 실현하는 것이다. 사랑과 이성은 오직 인간만의 독특한 능력이며 실현하고 싶은 게 있다면 반드시 사랑과 이성을 활용해야 한다.

우리는 인간의 잠재력이 일이나 스포츠와 좀 더 밀접한 관련이 있다고 생각한다. 물론 어느 정도는 맞는 말이다. 하지만 그보다는 마음과 정신이 우리가 한 인간으로서 새로운 수준으로 올라설 수 있게 만들어준다. 이를 키우려면 뜨겁게 사랑하고 명료하게 생각해야 한다. 그러면 원하는 모든 것, 필요보다 더 많은 것이 저절로 찾아온다. 가장 중요한 점은 우리가 타인과 맺는 모든 관계가 평화와 애정 어린 친절로 가득해진다는 것이다.

모든 것이 풍요로운데도 결핍을 느끼는 사람들은 사랑과 이성의 능력을 찾아내지 못한, 즉 내면에서 이런 능력을 발전시키지 못한 경우다.

누군가가 당신에게 잠재력을 어떻게 키우는지 묻는다면 이렇게 답하면 된다. "사랑과 이성을 발달시키면 됩니다." 사랑과 이성만 있어도 잠재력을 실현할 수 있다. 진정으로 위대한 사람들을 떠올려보자. 스승이나 친척, 친구, 부모나 동료일 수도 있고, 불쑥 나타나 나쁜 상황에서 빠져나올 수 있도록 도와준 다음 조용히 사라진 기억 속 낯선 사람일 수도 있다.

보기 드물 정도로 높은 수준으로 사랑과 이성을 키운 사람은 항상 차분하고 심지어 평온한 방식으로 상황을 바라보고 탐색한 다음 결정을 내린다. 이런 사람들은 거리낌 없이 노력을 쏟아부은 대가로 많은 것을 얻는다. 이런 부류는 주변 환경에서 남들보다 많이 포착하고 자신과 어울리는 사람을 좀 더 잘 알아차리기 때문에 다른 사람만큼이나, 혹은 그보다 더 많이 웃고 즐겁게 살아가지만 대체로 조용한

편이다. 그뿐 아니라, 이해심이 넓고 좀 더 너그러우며 사건 자체보다는 그 뒤에 숨은 이유를 찾는다.

"인간은 사랑과 이성을 발전시키는 한 인간으로서의 잠재력을 실현한다." 마음이 닫힌 사람은 어딘가에 끼인 채 꼼짝하지 못하는 신세가 된다.

잠재력을 극대화하라

인간 잠재력 연구 부문의 선구자인 조지 B. 레너드^{George B. Leonard}는 그
의 훌륭한 작품 《교육과 무아지경^{Education and Ecstasy}》에서 이렇게 묻는
다. "우리가 이토록 기쁨에 차서 가르치고자 하는 이 생명체는 누구
일까? 그의 능력은 무엇일까? 정말 변화될 수 있을까? 커다란 노력
이 커다란 성과로 이어질까? 역사는 인간의 문제가 무엇인지 직관적
으로 알려주며, 매일 신문을 한 페이지 넘길 때마다 인간의 악이 드
러난 구체적인 시간, 장소, 악의 이름을 알게 된다. 하지만 모든 악 중
에서도 가장 널리 퍼져 있는 악은 뉴스에 거의 모습을 드러내지 않는
다. 인간 사회에 가장 널리 퍼진 악은 바로 잠재력 낭비로, 이는 우리
의 부모와 자녀, 친구와 형제, 우리 자신에게까지 영향을 미치기 때문

에 그 존재를 깨닫는 것이 특히 고통스럽다."

미국의 소설가 제임스 에이지^{James Agee}는 이렇게 적었다. "나는 모든 인간이 자신의 '한계' 내에서 잠재력을 완전히 '실현'할 수 있다고 믿는다. 인간이 잠재력을 빼앗기거나 사용할 수 없는 일은 인간 세상에서 벌어질 수 있는 죄악 중 가장 끔찍하고, 흔하며, 광범위하다. 내가 아는 사실은 지구상의 거의 모든 사람을 대상으로 살인이 자행되고 있다는 것뿐이다."

의심은 분노보다 덜 고통스럽다. 유사 이래 상당 기간 인간을 제한적이고, 결함이 있으며, 본질적으로 변하지 않는 존재로 규정하는 것이 안전하고, 권위적이고, 공식적인 관점이었다. 시대가 바뀔 때마다 비관론으로 사람을 위로하는 방식이 등장했다. 현명한 사람들은 지나친 욕심 때문에 도를 넘거나 희망 때문에 미쳐버리지 않도록 한계를 인정해야 한다고 이야기한다.

하지만 잠재력이 낭비된다는 자각과 희망이 우리에게서 희미해진 적은 없다. 인류가 처음 호기심을 느낀 후 인간은 줄곧 이 억누를 수 없는 꿈에 사로잡혀 있었다. 다시 말해서 인간에게는 상상할 수 있는 범위를 넘어서는 능력이 있다는 꿈, 지금 사용하는 능력은 실제로 인간이 가진 능력의 극히 일부에 불과하다는 꿈, 모두가 훨씬 더 많은 것을 성취할 수 있다는 꿈에 사로잡혀 있었다. 역사상 가장 위대한 선지자, 비법 전수자, 성인 들은 모든 인간은 어떤 식으로건 하느님과 하나라는 좀 더 대담한 꿈을 꿨다. 이런 꿈은 역사의 실패와 아이러니, 공정하지 않은 승리 속에서도 꿋꿋하게 살아남았다. 이런 꿈은 우리 사회가 과학적이고 합리적이며 '사실^{fact}'이라고 부르는 것보다는 직관이 지탱했다.

하지만 이제 이를 뒷받침하는 과학적인 근거가 속속 등장하고 있다. 과학이 마침내 인간의 능력을 둘러싼 중요한 질문에 관심을 기울이고 잠재력을 탐구하는 과학 분야 및 관련 기술을 탐색하기 시작했다. 다양한 분야의 사람들, 이따금 서로의 존재를 알지도 못하고 추구하는 방법이나 철학, 심지어 언어마저 다른 사람들이 인간의 가능성에 대한 비관론을 파괴할 만큼 비슷한 결론에 도달한다. 신경학자, 심리학자, 교육자, 철학자 등은 당대 최고의 뉴스라 할 만한 것들을 만들어낸다. 이들은 대개 사람들이 잠재 능력의 10퍼센트도 채 사용하지 못한다는 데 동의한다. 심지어 1퍼센트밖에 사용하지 못한다고 주장하는 사람도 있다. 사실, 인간에 대해 책임감 있고 체계적인 방식으로 연구를 진행하는 사람은 인류에게 경외심을 느낀다. 윌리엄 셰익스피어$^{William\ Shakespeare}$ 역시 경외심에 사로잡혀 이런 글을 남겼다. "인간은 얼마나 대단한 존재인가! 얼마나 고귀한 이성을 갖고 있는가! 또한 얼마나 무한한 능력을 갖추고 있는가!"

성공에 필요한 첫 번째 자질

학교와 가정에서 아이들에게 어떤 생각을 심어주면 좋을까? 부모가 자녀에게 교육할 수 있는 자질 중에 무엇이 가장 중요할까? 한 비즈니스 잡지에서 '성공하려면 어떤 자질이 필요한가'에 대한 설문조사를 진행한 적이 있다. 잡지 편집진이 진행했기에 당연히 비즈니스에서의 성공을 묻는 것으로 보였다.

그런데 매우 흥미롭게도 성공적인 부모가 되는 데 필요한 자질과 비즈니스의 성공을 위해 가장 필요한 자질이 같았다. 정답은 바로 진실성integrity이다.

이 정답에 어쩌면 많은 사람이 웃음을 터뜨릴 것이다. 하지만 이런 태도를 비웃는 부모나 그런 부모 밑에서 자라는 자녀는 진실성 없이 살 가능성이 크다.

진실성이 중요하다고 교육받은 자녀들은 이를 잃지 않고 살아갈 공산이 크다. 진실성은 존재의 일부가 될 뿐 아니라 일을 처리하는 방식이며, 무엇보다도 한 인간으로서 성공적인 삶을 보장한다.

진실성은 남편이 아내에게, 아내가 남편에게 기대하는 자질이다. 또한 의사, 집을 설계하고 짓는 사람, 상사, 부하 직원에게 바라는 덕목이기도 하다. 우리가 정치인이나 선출직 공무원, 판사, 경찰관에게 우선적으로 기대하는 자질도 바로 진실성이다.

진실성은 곧 정직이다. 하지만 여기서 말하는 정직은 도둑질이나 거짓말을 하지 않는 얄팍한 정직을 훨씬 뛰어넘는다. 진실성은 견고한 건축물같이 끝까지 흔들리지 않는 마음가짐과 인격이다.

진실성은 가정에서 일어나는 크고 작은 일로 익히게 된다. 비즈니스에서건 삶에서건 무엇보다 중요한 자질이 바로 진실성이다.

인생살이는 대개 진실성과 편의 사이의 타협 같다. 물론 진실성은 좋은 것이고 누구나 진실하기를 바란다. 하지만 사람들이 진실을 외면한 채 나쁜 짓을 하고서 입을 꾹 닫는 것이 좋겠다고 생각하는 순간, 마음을 솔직하게 털어놓으면 인기가 사라지거나 따돌림받게 될 수도 있다고 생각하는 순간이 있다.

스페인 철학자 호세 오르테가 이 가세트José Ortega y Gasset는 이렇게 이야기한다. "인간은 방향 감각이 없는 자연 상태로 이 세상에 태어난다. 인간은 지구상에서 유일하게 자연환경 속에 집이 없는 생명체다. 인간은 마치 신처럼 자신의 삶과 세계를 구축해야 하고, 또 실제로 그렇게 살아간다."

생각해보면 정말 멋진 일이다. 책임은 무겁고 두렵다. 그 어떤 흠도 없이 순백의 진실된 모습을 지켜내는 일은 매우 어렵다. 그뿐 아니라 대부분은 이런 노력이 약간은 우스꽝스럽다고 생각한다. 일반 사람들은 오래전부터 "다들 하는데 나는 왜 안 돼?"라고 외쳐댔다. 진실된 사람은 그렇지 않다. 보통은 그들에게 질문할 것이다. "뭐가 되려는 거야? 보이스카우트 시늉이라도 하나?" 보이스카우트가 된다고 한들 무슨 문제가 있는가? 진실된 사람이 필요한 때에 똑바로 살아서는 안 될 이유가 있을까?

비즈니스에서의 진실성은 가장 확실한 성공 방법이다. 이따금 이윤이 줄어들 것처럼 보일 수도 있지만 결국 늘어날 것이다.

사람들의 행복을 가장 우선시하면 실수를 저지를 일이 없다. 사람을 우선시하고 이윤을 가장 마지막으로 생각해야 한다. 이런 노력이 더 많은 이윤을 가져다준다. 이것이 바로 오래전부터 전해져 내려오는 인과의 법칙이다. 개인적으로는 학교에서 진실성을 주제로 하는 과목을 가르쳐야 한다고 생각한다. 정직을 부자가 되는 데 필요한 수단이라고 가르쳐야 한다고 기록한 사람도 있었다.

주 양육자가 회사 비품을 몰래 빼오거나 어떻게 소득세를 덜 냈는지 떠벌리거나 호텔이나 모텔에서 수건이나 각종 용품을 들고 오는 모습을 지켜보며 자란 아이들은 진실성을 배우지 못한다.

제품이건 서비스건 인간이건 진실성은 값을 매길 수 없을 정도로 가치 있는 것이다. 그러므로 진실성을 따르면 장기적으로는 성공할

수밖에 없다. 골프에서 자신이 몇 타를 쳤는지 툭하면 잊어버리는 사
람을 만나게 된다. 이들은 그 누구도 속이지 못한다. 특히 다른 클럽
회원을 속이기는 불가능하다. 몇 타를 쳤는지 잊어버린 채 결국 조롱
의 대상이 되고 만다. 진실성이 결여된 탓에 법적인 문제에 휘말려 자
신뿐 아니라 가족에게까지 손해를 끼친 사람들이 매주 신문에 실린
다. 사회적 지위가 높은 사람들이 이런 문제에 휘말리는 경우도 많다.
어린 시절에 진실성의 중요성을 배우지 못한 탓이다.

프로처럼 행동하는 법

나의 오랜 친구 허브 트루^{Herb True}가 재미있는 아이디어를 들고 사무실로 찾아왔다. 아이디어와 사람에 관한 관심이 넘치는 트루는 같이 있다 보면 나도 모르게 열정이 끓어오른다.

트루는 어떤 분야 종사자건 프로라면 기준을 따르지 않고 직접 만든다고 이야기했다. 어떤 일이든 프로가 되기 위한 첫걸음은 규칙을 익히는 것이다.

그는, 아마추어는 규칙을 모르며, 더욱 심각하게는 자신이 규칙을 모른다는 사실조차 깨닫지 못한다고 이야기했다.

아마추어는 하는 일이 실패로 돌아가면 "세상사가 원래 그런 거야"라고 말하며 그 이유를 외부에서 찾는다. 일반적으로 내면에서 성공 원인을, 외부에서 실패 원인을 찾는 경향이 있다. 하지만 프로는 자신의 행동에 대한 책임을 인정한다.

4연승을 기록한 풋볼팀 감독에게 기자들이 비법을 물었다. 감독은 선수들을 가르치고, 선발하고, 발굴하는 자신만의 뛰어난 비법을 자세하게 늘어놓았다. 다음 주에 그 풋볼팀은 패배하고 말았다. 이유를 묻는 기자에게 감독은 "비가 와서 그렇습니다"라고 답했다. 감독의 답을 들은 기자가 물었다. "감독님 팀만 비를 맞은 건 아닐 텐데요?"

진정한 프로라면 이렇게 이야기했을 것이다. "오늘 상대 팀이 우리보다 더 잘했습니다." 아마추어는 항상 변명거리를 찾으려고 애쓴다. 아마추어는 실패의 원인을 자신이 아닌 외부에서 찾느라 시간을 허비한다. 하지만 프로처럼 규칙을 익히기로 마음먹으면 과거의 실패를 발판 삼아 성공을 거둘 수 있다.

진정한 프로의 또 다른 특징은 행동 수칙이 분명하다는 것이다. 프로는 행동 수칙을 정해두고 철저하게 따른다. 프로는 행동 수칙에 어긋나는 상황에 직면할 때마다 퇴짜를 놓는다. 가만히 앉아서 곱씹거나, 상황을 합리화하거나, 그 행동을 할 수밖에 없는 이유를 찾으려 들지 않는다. 그저 자신이 세워둔 원칙을 준수할 따름이다.

예를 들어, 정치인이나 경찰의 경우를 떠올려보자. 프로의 행동 수칙은 어떤 종류의 뇌물도 받지 않는 것이다. 누군가가 뇌물을 주려고 하면 즉각 거절한다. 뇌물 액수가 5달러건 500만 달러건 금액은 전혀 중요하지 않다.

프로의 또 다른 특징은 시급한 일과 중요한 일을 구분하기 위해 항상 노력한다는 것이다. 매우 시급하거나 시급해 보이는 일이 있을 수도 있다. 하지만 그 일이 정말로 중요할까? 그 일이 영구적이고 의미 있을까? 그렇지 않으면 얼핏 보기에 시급해 보이는 그 일이 불필요한 시간 낭비에 불과할까? 하루 동안 우리가 하는 모든 행동은 목표 달성을 위한 것이거나, 긴장을 완화시키는 것이거나, 불필요한 것이다. 프로는 현명하게 균형점을 찾는다. 프로는 일해야 할 시간에 제대로 일함으로써 균형 잡힌 삶을 살아간다. 프로는 자신의 일만큼이나 여가도 즐긴다.

그렇다. 진정한 프로는 다른 사람이 정한 기준을 따르지 않는다. 직접 자신만의 기준을 만든다. 그들은 과거에 누군가가 세운 선례를 자신이 깨뜨렸듯이 자신이 세운 선례 역시 언젠가는 깨진다는 사실을 잘 알고 있다.

성공은 지금, 여기에서 시작된다

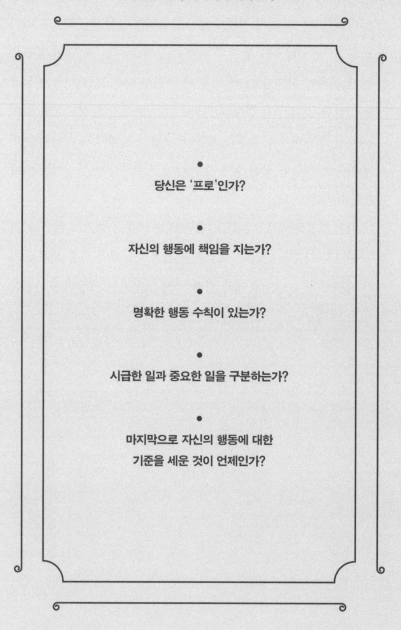

- 당신은 '프로'인가?

- 자신의 행동에 책임을 지는가?

- 명확한 행동 수칙이 있는가?

- 시급한 일과 중요한 일을 구분하는가?

- 마지막으로 자신의 행동에 대한
기준을 세운 것이 언제인가?

반드시 지켜야 할 여덟 단어

인간이 서로 의사소통이 가능해진 이후부터 반드시 지켜야 할 단어를 정리해왔다. 하지만 이 세상은 여전히 어지럽다. 다음 여덟 단어를 떠올려보자. 정직, 기량, 야망, 믿음, 교육, 너그러움, 책임감, 용기. 물론 지구상 모든 인구가 이 여덟 단어를 지키며 살아가야 한다는 데 동의하지는 않을 가능성이 크다. 하지만 단 한 사람, 바로 당신이 이 여덟 단어를 지킨다면 당신의 삶이 얼마나 좋아질지 상상해보자.

이와 같은 여덟 개의 단어, 즉 여덟 개의 개념만 있으면 생산성 있고, 보람 있고, 만족스럽게 사는 데 필요한 훌륭한 조언을 모두 얻을 수 있다. 각 개념을 다시 한 번 살펴보자.

- **정직**honesty: 우리가 하는 모든 행동 및 말과 관련된 정직, 즉 살아가는 방식으로서의 정직을 뜻한다. 한마디로 '정직하지 않으면 그 어떤 것도 하지 않겠다'는 태도다.

- **기량**workmanship: 기량의 영어 단어 'workmanship'에는 남성이라는 의미인 'man'이 포함돼 있지만 성별과는 무관하다. 기량이란 신경질적으로 집착하지 않으면서 어떤 일을 잘해내는 것을 뜻한다. 기량이란 가장 뛰어난 전문가에게 기대할 수 있는 수준을 의미한다. 한마디로 '무엇을 하건 나의 능력을 최대한 발휘하겠다'는 태도다.

- **야망**ambition: 야망은 좋은 것이다. 야망이란 우리가 가치 있다고 믿는 무언가를 향해 나아가는 것이다. 야망이 있어야 가장 흥미로운 여정을 이어나갈 수 있다. 야망이 이뤄지는 순간 깨닫게 되겠지만 여정 자체가 성취보다 더욱 좋다. 야망은 무언가를 하려는 욕망이고 인간은 해내기 위해 노력할 때 가장 빛난다. 지금 하는 일이 성공적으로 마무리되면 다음 야망을 향해 나아가야 한다.

- **믿음**faith: 믿음에 대해서는 온종일 이야기해도 부족할 정도다. 믿음은 모든 것을 가능하게 하고 우리 자신과 믿는 대상에 대한 흔들리지 않는 믿음은 우리의 야망을 뒷받침하는 원동력이다.

- **교육**education: 교육은 많은 것을 의미하는 매우 중요한 단어다. 이는 학교 교육에 국한되지 않는다. 제대로 배울수록 우리는 좀 더 광범위하고 포괄적인 지식을 얻게 되고, 인생이 더 낫고

풍요롭고 흥미로워질수록 지금 논의 중인 여덟 단어의 진정한 의미를 더욱 잘 이해하게 된다.

● **너그러움**^{charity} : 기부도 너그러움의 일부이지만 이 단어에는 단순히 자선단체에 기부금을 내는 것 이상의 의미가 담겨 있다. 너그러움은 너그러운 마음으로 베푸는 태도를 의미한다. 너그러운 사람은 나눌수록 더 많은 것을 갖게 되고 남을 도울수록 자신 역시 더 나은 사람이 된다는 사실을 이해한다.

● **책임감**^{responsibility} : 책임감이란 자신과 인생을 책임지려는 태도다. 삶에서 문제가 생겼다면 우리 역시 그 문제의 한 부분일 가능성이 크다.

● **용기**^{courage} : 물론 용기도 우리가 반드시 지켜야 할 여덟 가지 단어 중 하나다. 용기는 어둠을 밝은 빛으로, 문제를 가능성으로 바꿔놓는다.

CHAPTER 3

기회를 최대한 활용하라

다이아몬드의 땅

세월이 흘러도 여전히 재미있는 이야기가 있다. 오래전부터 전해 내려오는 '다이아몬드의 땅^{Acres of Diamonds}'도 그런 이야기 중 하나다. 이야기의 출처는 아무도 모른다. 하지만 수천 가지 상황에서 수천 명의 사람에게 수천 번이나 일어난 일이라는 점에 미뤄볼 때 이 이야기는 사실임이 틀림없다.

이 이야기를 가장 먼저 한 사람은 모르지만 유명하게 만든 사람은 있다. 바로 러셀 헤르먼 콘웰^{Russell Herman Conwell} 박사다. 적어도 미국에서는 그렇다. 1843년에 태어나 1925년에 세상을 떠난 콘웰 박사는 곳곳에서 이 이야기를 들려주고 무려 600만 달러를 벌어들인 후 그 돈으로 필라델피아에 템플대학교^{Temple University}를 설립해 가난하지만 학업에 관심이 많은 젊은이들을 위한 좋은 학교를 세우겠다는 꿈을 실현했다.

콘웰 박사는 '다이아몬드의 땅' 이야기를 6,000번 넘게 들려주었다. 콘웰 박사가 나타나는 곳이라면 어디든 군중이 구름처럼 모여들었다. 아마 여러분도 나만큼이나 이 이야기에 대해 잘 알고 있을 것이다. 하지만 중요한 것은 이야기 자체가 아니라 이 이야기 속의 원칙을 우리 삶에 적용하는 것이다.

이 이야기는 아프리카에서 다이아몬드가 발견된 시절을 다룬다. 한 농부가 농장을 찾은 어느 손님으로부터 다이아몬드 광산을 찾은 사람들이 막대한 부를 일궜다는 이야기를 전해 듣자마자 즉시 농장을 팔고 직접 다이아몬드를 찾아 나섰다. 농부는 아프리카 대륙 곳곳을 돌아다녔지만 다이아몬드를 찾지 못했다. 결국 무일푼 신세에다가 건강마저 잃은 남자는 실의에 빠졌고 강에 뛰어들어 생을 마감했다.

한때 농부였던 남자가 비참한 최후를 맞이하기 오래전, 농부에게서 농장을 사들인 남자는 농장을 가로지르는 강바닥에서 독특하게 생긴 커다란 돌을 찾았고, 수집품 삼아 벽난로 선반에 올려뒀다. 원래 농장주였던 남자에게 다이아몬드 이야기를 들려줬던 손님이 어느 날 다시 농장을 찾아왔다. 손님은 그 돌멩이를 유심히 살폈다. 손님은 새 농장 주인에게 이 돌멩이는 세상에서 가장 큰 다이아몬드라며 이 정도면 엄청난 재산을 얻을 수 있다고 이야기해줬다. 놀랍게도 농장 전체가 그 비슷한 돌멩이로 가득했다. 즉 첫 번째 농장 주인이 다이아몬드를 찾아 떠나려고 팔아치웠던 농장은 세계에서 가장 매장량이 많은 다이아몬드 광산 중 한 곳이었다.

이 이야기의 요점은, 첫 번째 농부가 다이아몬드로 가득한 널따란 농장을 제대로 살펴보지도 않은 채 더 나은 무언가를 찾겠다는 희망에 사로잡혀 농장을 떠나는 실수를 저지르고 말았다는 것이다.

콘웰 박사는 우리 모두가 첫 번째 농장 주인과 같다고 지적한다. 어디에 살건, 무엇을 하건 그저 고개를 돌려 찾기만 하면 우리 주변은 온통 다이아몬드로 가득하다. 농장을 뒤덮은 신기하게 생긴 돌멩이같이 처음에는 다이아몬드처럼 보이지 않을 수도 있다. 하지만 조금 더 자세히, 세심하게 살펴보고 다듬으면 우리 앞에 놓인 기회를 제대로 파악할 수 있다.

전문가들은 우리가 자신의 진정한 모습이 드러날 정도로 스스로를 계발하지 못한 탓에 무궁무진하게 많은 능력을 습관적으로 내버려둔다고 말한다. 그들은 우리의 일상생활과 내면에 다이아몬드로 가득한 광활한 땅이 감춰져 있다고 이야기한다.

우리는 우리가 찾는 세상을 보게 될 뿐이다

헨리 데이비드 소로Henry David Thoreau는 "가시광선 내에 있지만 우리의 지적 광선intellectual ray 밖이라 눈에 보이지 않는 것이 많다"고 썼다. 다시 말해 이 세상에는 실제로 존재하지만 굳이 찾지 않아서, 혹은 찾을 능력 자체가 없어서 볼 수 없는 것들이 많다. 따라서 크게 보면 지금의 세상은 그저 우리가 보고자 하는 세상일 뿐이다.

두 사람에게 같은 그림을 보여줘도 막상 다른 장면을 발견한다. 똑같은 그림 앞에서도 각각 자신이 보고 싶은 부분만 볼 뿐이다. 기차를 타고 도시 외곽을 지나가는 승객들은 똑같은 장면을 서로 전혀 다른 관점에서 바라본다. 누군가는 우울하고 황폐한 동네를 보고, 다른 누군가에게는 이상적인 공장 부지로 보일 것이다. 또 다른 누군가는 놀라운 부동산 개발 기회를 엿볼지도 모른다. 심지어 누군가에게는 글이나 노래, 시의 아이디어를 안겨줄 수도 있다. 물론 잡지에 얼굴을 파묻은 채 아무것도 보지 못하는 사람도 존재할 것이다.

이 세상은 매일 우리에게 기회를 선사한다. 그곳에서 살아가는 모든 주민에게 풍부한 기회를 제공하지 않는 동네나 지역은 없다. 그저 관점 때문에 기회가 제한될 뿐이다.

몇 해 전, 위스콘신의 어느 농부는 몸이 마비돼 철제 호흡 보조 장치를 달고 살았다. 누워 있는 신세인지라 직접 농사를 지을 수 없었던 농부는 자신의 지적 한계 너머로 눈을 돌려야만 했다. 농부는 창의적으로 생각하고 머릿속으로 자산과 부채를 계산했다. 비록 몸은 침대에 매여 있었지만 농부는 미국에서 가장 규모가 크고 성공적인 정육 공장 중 하나를 설립했다. 농부는 자신의 가장 귀중하고 값진 자산인 정신을 열심히 활용했고 자신과 가족에게 필요한 모든 재물이 농장에 있다는 사실을 깨달았다. 농부의 이런 깨달음 덕에 한때 농장이었던 곳은 직원 수가 수천 명에 달하는 거대한 정육 공장으로 탈바꿈되었다.

친구와 이웃 들은 역경이 찾아온 그를 보며 그가 어떻게 농장을 꾸려나가고 가족을 돌볼지 틀림없이 궁금해했을 것이다. 농부는 그저 새로운 눈으로 농장을 바라봤다. 그러자 이전에는 보지 못했던 것을 제대로 볼 수 있게 됐다.

우리는 모두 각자 자신이 직접 만들어낸 철제 호흡 보조 장치 속에서 살아간다. 우리 모두에게는 위스콘신의 농부처럼 엄청난 기회가 있다. 하지만 어쩔 수 없이 우리 내면에 있는 무궁무진한 기회를 깊이 파고들어야 하는 경우는 드물다. 소로와 같은 눈으로 세상을 바라보는 법을 배우면 우리의 일상에서 끝없는 흥미와 재미를 발견할 수 있다는 사실을 잘 아는 사람은 더욱 드물다. 기적과 무한한 기회에 둘러싸여 살아가면서 그 같은 사실을 깨닫지 못한 채 그저 지루해하고 불안해하기도 한다.

소로가 이야기했듯, 우리는 우리가 찾는 세상을 보게 될 뿐이다.

기대치를 낮춰서는 안 된다

이번에는 내가 직접 겪은 일을 들려주려 한다. 한번은 기계적 결함 때문에 뉴욕행 비행기가 취소된 적이 있었다. 몹시 바쁘고 분주했던 그날 오후, 100명 넘는 사람이 같은 목적지로 향하는 또 다른 비행편을 찾느라 허둥지둥하는 상황이 됐다. 카운터에서 한 여자가 한 시간만 기다리면 다른 비행편이 있다고 알려줬다.

나는 "만석 아닐까요?"라고 물었다.

여자는 "아닐 수도 있죠"라고 답했다.

같은 비행기를 타려다가 내린 사람들이 이미 만석일지도 모를 다음 비행편의 좌석을 차지하기 위해 아등바등 다투는 모습을 떠올린 나는 그냥 뉴욕에서 하룻밤을 더 머무르고 다음 날 아침 비행편을 예약하는 쪽이 낫겠다고 생각하던 참이었다.

여자는 "왜 시도도 안 하세요?"라고 물었다.

공항에서 한 시간을 더 머무르다가 비행편이 만석이라는 이유로 되돌아서는 상황을 떠올리니 전혀 구미가 당기지 않았다. 여자에게 물었다. "정말로 가능성이 있다고 생각하세요?"

그가 대답했다. "일단 해보세요."

여자의 말을 따랐다. 결국 맨 앞줄 창가 자리를 얻었고 원래의 목적지에는 예정 시간보다 딱 한 시간 늦게 도착했다. 아예 시도조차 하지 않았더라면 다시 택시를 타고 뉴욕으로 돌아가 호텔에서 하룻밤을 묵은 후 다음 날 모든 과정을 반복할 수밖에 없었을 것이다. 시도라도 해보라고 권해준 여자 덕에 나는 이 모든 번거로움에서 해방됐다. 그 일을 겪은 후 나는 다시는 쉽게 포기하지 않고, 항상 더 많은 것을 기대하며 살겠다고 다짐했다.

우리가 삶에서 기대하는 것과 실제로 손에 쥐는 것은 결국 종이 한 장 차이일 뿐이다. 이 사실을 잊어서는 안 된다.

만약 원하는 것을 갖지 못했다면 기대치가 너무 낮은 탓일 수도 있다. 어쩌면 기대가 부족했을 수도 있다. 당신의 인생은 기대치에 거의 근접할 것이다. 사실 기대치를 훨씬 뛰어넘는 인생을 살 가능성이 크다. 기대치가 낮으면 시도하지 않게 된다. 반면에 너무 높으면 스스로를 독려하다가 결국 포기하지 않게 된다.

어렸을 때 "기대가 크지 않으면 많은 것을 얻지 못해도 실망하지 않는다"라는 이야기를 들었던 기억이 난다. 하지만 바로 그것이 문제다. 기대가 크지 않으면 이길 기회 자체가 사라진다. 이 세상에는 기대가 크지 않아서 결국 많은 것을 얻지 못하는 사람이 너무도 많다. 더 많은 것을 가지려 노력하지 않는데 어떻게 더 많이 가질 수 있겠는가?

과거에 놓쳐버린 기회에 연연해서는 안 된다. 모든 기회를 빠짐없이 활용할 수는 없다. 무언가를 하기에 늦은 때는 없고, 미래에도 과거만큼이나 훌륭한 기회가 많이 찾아올 것이다.

누구에게나 희망은 있다. 모든 사람은 저마다 다른 기대를 갖고 산다. 하지만 인간은 자신을 과소평가하는 경향이 있고, 따라서 기대도 너무 낮다. 물론 기대를 품긴 한다. 하지만 충분히 높을까? 요한 볼프강 폰 괴테Johann Wolfgang von Goethe는 "어떤 일이든 절망보다 희망이 낫다"고 이야기했다.

자신이 현재 어떤 기대를 품고 있는지 자세히 살펴보아야 한다.

어쩌면 새로운 기대를 품는 것이 더 나을 수도 있다.

우리는 습관적으로 생각하는 대로 된다!

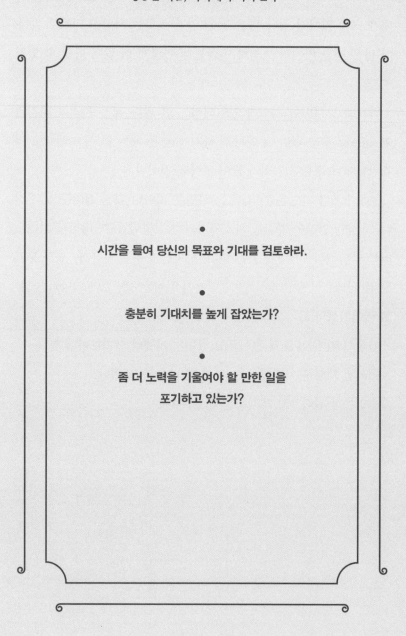

시간을 들여 당신의 목표와 기대를 검토하라.

충분히 기대치를 높게 잡았는가?

좀 더 노력을 기울여야 할 만한 일을
포기하고 있는가?

인간 행동의 근본 원칙

미국 경제지 《포브스Forbes》에서 "최소한의 노력으로 자신의 욕망을 충족시키는 것이 인간 행동의 근본 원칙"이라는 헨리 조지Henry George 의 말을 접한 적이 있다.

한 가지 문제가 있다. 원하는 것과 기꺼이 만족하는 것 사이에는 차이가 있다. 상담 교사를 찾아가 장래희망이 의사라고 이야기하지만 실제 성적은 C나 D에 불과한 고등학생의 경우를 예로 들어보자. 이 학생은 물론 의사가 되고 싶어 할 것이다. 하지만 힘들게 애쓰지 않는다면 의사가 되고 싶다고 생각만 하는 것이다.

많은 사람이 중년에 정체성 위기를 겪는데, 그 핵심이 바로 이것이다. 어느 날 아침에 눈을 떠(대개 비가 내리는 월요일일 가능성이 크다) 샤워를 하고 제대로 옷을 갖춰 입지 않은 상태로 거울에 비친 모습을 바라보다가 세상이 무너지는 듯한 기분에 빠져든다. 당신은 지금 마흔 살이고 불현듯 보험회사 직원들이 떠들어대던 연령별 사망률 표에 관한 이야기가 모두 옳을 뿐 아니라 당신이 실제로 성취한 것과 이 나이쯤 됐을 때 성취하리라 예상했던 것의 간극이 엄청나다는 깨달음이 찾아온다.

당신의 머릿속에 궁금증이 떠오른다. "도대체 무슨 일이 벌어진 거지? 세월이 모두 어디로 간 걸까?"

그동안 당신은 도대체 무엇을 한 걸까? 그보다 더 중요한 질문도 있다. 당신은 도대체 어디로 가고 있는가? 젊은 시절 꿈은 모두 어디로 간 걸까? 이것이 바로 정체성 위기다! 지금의 당신은 과거에 꿈꾸었던 사람이 아니다.

그 결과, 당신은 안락한 삶을 얻었다. 이따금 연봉 인상의 기쁨을 누리며 하루 세 끼 푸짐한 식사를 하고 가정도 꾸리고(이 순서가 반드시 중요도와 비례하진 않는다) 집도 있다. 사실 다른 사람들도 모두 이렇게 살아간다. 젊은 시절의 꿈은 점점 옅어져 이제는 흐릿하다. 예전에 생각했던 모습이 아닐 수도 있지만 어쨌든 지금의 당신은 당신이 받아들인 사람이다. 결국 당신이 원했던 것을 가진 셈이다.

얼마 전, 나이가 제법 많은 지인이 전화를 걸어왔다. 그녀는 자신의 이야기를 털어놓았다. "어렸을 적에 난 무엇보다도 피아노를 배우고 싶었어요. 하지만 부모님은 피아노를 가르쳐줄 형편이 되지 않았죠. 근사한 사립학교에도 다니고 싶었어요. 하지만 이번에도 부모님에게 그럴 돈이 없었죠."

나중에 집을 떠난 후 피아노를 배웠는지 물었다. 그렇지 않다는 답이 돌아왔다. 나는 어릴 때 이후로 그녀가 낭비했던 바로 그 시간 동안 보스턴 심포니에서 피아노뿐 아니라 모든 악기의 연주법을 배울 수도 있었다는 사실을 일깨워줬다. 그런 다음, 남을 원망하기는 쉽다고 이야기했다. 악기를 연주하거나 좋은 교육을 받고 싶은 사람은 어떻게든 길을 찾아내 원하는 일을 해낸다. 이미 많은 사람이 증명해 보였듯 독학해서라도 꿈을 이뤄내고야 만다.

결국 논쟁에서는 이겼지만 나의 말은 다정한 성격의 그녀를 몹시 화나게 했다. 그녀가 40년 동안 붙들고 있었던 근거 없는 믿음을 부숴버렸기 때문이다. 그럼에도 아직 시간이 많다는 사실을 일깨워줬으니 그녀에게는 긍정적인 신호였을 것이다.

당신처럼 될 수 있다면
난 무엇이든 내놓을 겁니다

어느 뛰어난 연주자가 여성들을 위한 모임에서 훌륭한 피아노 연주를 마쳤다. 그 후, 다 함께 모여 다과를 즐기던 중 한 팬이 연주자에게 "당신처럼 연주할 수 있다면 난 무엇이든 내놓을 텐데요"라고 이야기했다.

연주자는 커피를 한 모금 마시고서 얼굴이 빨갛게 달아오른 팬을 차갑게 응시했다. 그런 다음 입을 열었다. "아니오. 그렇지 않을 겁니다."

침묵이 흐르고 모두가 커피잔을 내려놓는 것도 잊고서 동작을 멈췄다. 좌중을 얼어붙게 만든 당사자가 갑작스러운 상황에 곤란과 당황스러움을 감추지 못하고 씰룩거렸다. 주변을 둘러본 여자는 이번에는 좀 더 부드러운 목소리로 같은 말을 반복했다. "당신처럼 연주할 수 있다면 난 무엇이든 내놓을 거예요." 연주자는 다시 커피를 한 모금 마신 후 고개를 젓더니 똑같은 답을 내놓았다. "아닙니다. 그렇지 않을 겁니다. 만약 정말로 그렇다면 저만큼 잘 치실 겁니다. 어쩌면 저보다 더 잘하실 수도 있을 테고, 어쩌면 조금 못 치실 수도 있겠죠. 무엇이든 내놓겠다고 하셨지만 시간만큼은 내놓지 않으실 겁니다. 피아노를 잘 치려면 오래 연습해야 하니까요. 매시간, 매일, 매년 가만히 앉아서 피아노를 연습하지는 못할 겁니다."

그런 다음, 연주자는 따뜻한 미소를 지었다. "비난하려는 게 아닙니다. 그냥 '당신처럼 될 수 있다면 무엇이든 내놓겠다'는 말이 진심은 아니라는 점을 말씀드리고 싶었던 겁니다."

연주자가 말을 끝내자 냅킨 떨어지는 소리도 크게 들릴 정도로 사방이 고요해졌다. 커피를 마시던 팬들은 서로를 쳐다보다가 다시 커피잔만 바라봤다. 그 자리에 있던 사람들은 모두 연주자의 말이 진실이라는 사실을 깨달았다. 성숙 단계에 접어들어 훌륭하게 다듬어진 연주자의 실력을 지금 갖추게 된다면 정말 멋질 것이다. 하지만 그런 실력을 갖추기 위해 노력을 쏟아부은 20년의 시간은 그렇지 않다. 이 둘은 정말 다르다.

금세 가벼운 대화가 다시 시작됐고 조금 전에 벌어진 상황은 얼렁뚱땅 마무리됐지만 사람들의 기억 속에서 잊히지는 않았다.

사람들은 늘 "○○○할 수만 있다면 무엇이든 내놓을 텐데"라는 말을 한다. 하지만 실제로는 그렇지 않다. 말만 할 뿐 이를 해내기 위해 내놓는 것은 드물다. 사실 그 어떤 것도 내놓지 않는 경우가 많다.

스타가 거머쥔 절정의 인기를 부러워하는 배우, 소규모 자영업자, 가정주부, 학생, 골퍼, 전문직 종사자, 작가 지망생, 화가 등 직업의 종류를 막론한 모든 성취의 스펙트럼에서 성공한 사람은 밤낮을 가리지 않고, 매주, 매달, 매년 그저 모든 열정을 쏟아붓고 단 하나의 목적을 향해 나아간다. 공들여서 씨앗을 심고 오랫동안 애써 키운 수확물을 거둬들일 때가 되면 똑같은 시간과 똑같은 기회, 똑같은 자유를 가진 다른 사람들이 나타나 이렇게 이야기한다. "당신처럼 할 수 있다면, 당신처럼 가질 수만 있다면 무엇이든 내놓을 겁니다."

하지만 앞서 등장한 피아니스트의 말처럼 이는 전혀 진심이 아니다.

우리 모두에게는 시간과 기회가 있다. 그렇지 않다는 말은 자신을 속이는 것이다. 누구든 잘하는 게 하나쯤은 있다. 당신은 바라는 사람이 되기 위해 무엇이든 내놓을 각오가 돼 있는가? 답을 찾았다면 모든 것을 걸고 노력해 그런 사람이 되면 된다.

가끔 관중이 너무 많고 실제로 경기에서 뛰는 선수는 충분하지 않은 것처럼 느껴진다. 어쩌면 다른 사람을 지켜보느라 너무 바빠서 우리 역시 반드시 이겨야 할 경기를 치르는 중이라는 사실을 잊는 건지도 모른다.

당신은 어떤 배인가?

철저히 준비하고 숙련되고 경험이 풍부할수록 좀 더 큰 기회를 붙잡을 수 있다. 수많은 경험에서 문제를 해결하는 법을 배우기 때문이다. 동시에 사소한 문제에 정신을 빼앗긴다면 그 기회를 놓칠지도 모른다.

기회와 문제는 아주 작은 것에서부터 매우 큰 것까지 크기가 다양하다. 문제가 없는 기회나, 기회가 없는 문제, 둘은 동전의 양면과 같기 때문이다. 기회와 문제에 어떻게 대응하는가에 따라 우리의 모습이 판가름 난다. 침착한 사람이 될지 아니면 좌절감에 빠져 어쩔 줄 몰라 하는 사람이 될지, 성공할지 또는 성공하지 못할지 결정된다.

이렇게 생각해보자. 철저히 준비하고, 숙련되고, 경험이 풍부할수록 좀 더 큰 기회를 붙잡을 수 있다. 수많은 경험에서 문제를 해결하는 법을 익히기 때문이다. 그와 동시에 사소한 문제에 정신을 빼앗긴다면 커다란 기회를 붙잡을 수 없다. 인간이 성숙하려면, 다시 말해서한 인간으로서 완전해지려면 우리 모두를 괴롭히는 수많은 사소하고중요하지 않은 문제와 짜증나는 상황을 헤쳐 나가는 법을 배워야 한다. 사소하고 중요하지 않은 성가신 상황, 아무런 의미도 없는 논쟁,상대방의 모욕적인 태도, 끝없이 계속되는 인생의 자질구레한 일에휩싸인 채 살아간다면 평생 얕은 개울을 벗어날 수 없다.

앞서 언급했듯이 사람은 자신이 노력하는 만큼 원대해지고 관심을기울이는 만큼 위대해진다.

사람은 바다를 가르는 배와 같고 우리 인생은 널따란 대양과 같다. 이제 당신이 배라고 생각해보자. 소형 배는 파도가 잠잠한 날 가장 작은 파도를 넘으면서도 쉴 새 없이 출렁댄다. 이렇게 작은 배를타고 넓은 바다로 나간다면 안전을 보장받지 못할 것이다. 분명 처음만나는 큰 파도에 휩쓸리고 말 것이다.

이제는 가장 규모가 큰 원양 여객선을 생각해보자. 원양 여객선은항구의 작은 파도를 느끼지 못한다. 망망대해에서 거대한 파도가 등장하면 그제야 선박의 급격한 출렁임을 막는 장치가 가동된다. 최악의 폭풍우도 원양 여객선에는 아무런 문제가 되지 않는다. 하루나 이틀 정도 더 걸릴 수는 있어도 승객과 화물을 싣고 목적지 항구에 안전하게 도달한다.

당신은 어떤 배인가? 자신 있고 차분하게 깊고 넓은 먼 바다로 항해하며 크고 작은 파도에 눈길도 주지 않는 커다란 정기 여객선인가? 그렇지 않으면 산들바람만 불어도 이리저리 흔들리며 직접 노를 저어야만 움직이는 작은 배인가?

작가 제이스 앨런James Allen은 다음과 같이 아름답게 묘사했다. "강하고 차분한 사람은 항상 사랑받고 존경받는다. 이런 사람은 메마른 땅에서 그늘을 주는 나무와 같고 폭풍 속에서 비바람을 피하게 돕는 커다란 바위와 같다. 평온한 마음을, 상냥하고 안정된 삶을 사랑하지 않을 사람이 있겠는가? 이런 축복을 누리는 사람은 항상 다정하고 평온하고 침착하기 때문에 비가 오건 해가 뜨건 상관하지 않는다. 우리가 평온이라고 부르는 이런 아름다운 인격의 자태는 문화가 우리에게 주는 마지막 교훈이다. 다시 말해서, 인생이 꽃을 피우고 영혼이 결실을 맺는 것이다."

배와 사람은 저마다 크기가 다양하다. 커다란 배가 보이면 우리는 멈춰 서서 경탄해 마지않지만, 항구에 떠 있는 작은 배에는 그저 잠깐 스치듯 눈길을 줄 뿐이다. 다시 한 번 질문하겠다. 당신은 어떤 배인가?

CHAPTER 4

성공의 길을 걷다

네, 그럴 겁니다

미국 산악 팀이 에베레스트를 정복한 후 흥미로운 정보가 공개됐다. 미국을 떠나기 전 팀에 소속된 노련한 등산가들은 모두 정신과 의사와 긴 상담을 했다. 의사는 각 등반가에게 이런 질문을 했다.

"에베레스트 꼭대기까지 올라가실 겁니까?"

이 질문을 받은 등반가들은 저마다 열정적으로 "최선을 다하겠습니다"라거나 "물론 시도해봐야죠", "그러려고 노력할 겁니다" 같은 답을 내놓았다. 물론 모든 등반가는 에베레스트의 가공할 만한 명성과 에베레스트 정상을 밟기가 거의 불가능에 가깝다는 사실을 잘 알고 있었다. 이때 한 가냘픈 체격의 등반가가 남들과 다른 답을 내놓았다.

의사의 물음에 남자는 한동안 생각에 잠긴 후 조용히 답했다. "네, 그럴 겁니다."

이 남자는 미국 산악 팀 중 가장 먼저 에베레스트 정상에 도착했다. 악천후를 무릅쓰고 전설적인 에베레스트 정상을 향해 최후의 도전을 하는 모습을 지켜본 사람들은 남자가 정상에 다다르자 감탄을 금치 못했다.

"네, 그럴 겁니다." 나지막이 이야기하건 마음속으로 다짐하건 이 짧은 문장이 그 어떤 말보다 인간의 성취에 중요한 역할을 한다.

영업 사원들은 연말마다 내년 1년 동안 어느 정도의 영업 실적을 올릴지 자신만의 목표를 세워보라는 요구를 받곤 한다. 영업 사원에게 두 장의 카드를 주고 향후 12개월 동안 얼마의 매출을 올릴지 적어보라는 요구를 받기도 한다. 이 경우에는 한 장의 카드를 경영진이, 나머지 한 장은 해당 영업 사원이 보관한다.

많은 영업 사원에게 카드에 적힌 숫자는 사실 모든 상황이 잘 굴러가고, 비즈니스 상황이 이전처럼 유지되고, 운이 좋고, 목표 달성을 방해하는 다른 이해관계가 생기지 않는다면 팔아보고 '싶은' 금액일 뿐이다.

하지만 몇 안 되는 남다른 영업 사원에게 카드에 적힌 숫자는 실제로 달성하기로 마음먹은 금액이다. 카드에 적힌 금액은 그들이 만족할 만한 최소한의 숫자다. 연말에는 경제 조건이나 다른 상황과 상관없이 그 금액만큼, 혹은 그보다 많이 매출을 올리겠다는 목표를 달성한다.

그뿐 아니라, 이런 영업 사원이 제일 규모가 작고 가장 매력적이지 않은 지역에서 활동하는 경우가 많다. 사실 그런 경우가 상당하다. 이들이 동료들보다 똑똑한 것은 아니다. 그저 좀 더 진지하게 자신의 본분을 다할 뿐이다. 결단력과 인내심으로 무장한 이들은 결국 목표를 달성한다. 그뿐 아니라, 이들은 회사에서 승진을 거듭해 결국 가장 연봉이 높은 최고의 직책을 맡게 되지만 다른 영업 사원들은 진지하게 생각하지 않는 숫자를 대충 적어낸 다음 영업 담당 부사장이 몇 살에 승진했는지 궁금해한다.

성공한 이들은 나지막이 "네, 그럴 겁니다"라는 문장을 읊조려야 한다는 걸 배웠을 테다. 그러다 보면 행운이 찾아오고 점점 실적이 올라가고 더 많은 돈을 벌고 그 과정에서 훨씬 커다란 재미를 느끼게 된다.

이 세상에 끈기를 대신할 것은 없다. 끈기가 있으면 넘어서지 못할 기록은 없다. 우리 모두가 자신과 마주하고 "네, 그럴 겁니다"라고 말해야 이 모든 것이 이뤄진다.

성공적인 사람을 정의하는 것

성공하려면 양보다 질을 중요하게 여기고 생산성을 높여야 한다. 정말로 성공적인 사람은 나이가 들수록 점점 더 생산성이 높아지고 많은 것에 흥미를 느끼며, 성숙해진다. 이들에게는 재미있고 도전적인 일이 끊이지 않는다.

오랜 세월에 걸쳐 누가 성공한 사람이고 누가 그렇지 않은지 개인적인 견해를 정리했다. 내가 정리해온 내용이 독자 여러분께도 도움이 될 것이다.

엄청난 부를 일구기 위해서 교육이 필수적이지는 않다. 내가 아는 사람 가운데도 제대로 문장을 정리하거나 쓸 줄 모르지만 백만장자가 된 사람이 여럿 있다. 하지만 성공을 온전히 누리려면 교육이 절대적으로 필요하다. 그리고 통상적으로 주로 교육 수준이 높은 사람이 성공하는 경향이 있다. 반면에 교육받지 못한 사람들은 비단 경제적인 측면에서뿐 아니라 다른 중요한 범주에서도 실패하는 경향이 열아홉 배 더 많이 나타난다.

또한 계속해서 목표를 세우는 것이 교육만큼이나 중요하다. 도달하기 위해 노력해야 하는 목표, 새로운 차원으로 스스로를 확장해나가도록 만드는 목표가 없으면 비생산적이고 불행해질 뿐 아니라 건강 악화를 비롯한 다양한 문제에 휘말리게 된다.

성공하려면 양보다 질을 중요시하는 매우 생산성 높은 사람이 돼야 한다.

진정으로 성공하려면 유머 감각을 계속 발전시켜야 한다. 이런 부류는 평소에는 진지하지 않지만 일만큼은 매우 진지하게 대한다. 이들은 성격이 온화하고 남들에게 편안하고 친절하며 과시와 젠체하는 태도는 정신적인 미성숙함을 나타내는 신호라고 여긴다. 성공한 사람이 세상을 움직인다. 변화에 대처하고 적응하는 데 도움이 되는 위대한 혁신과 발명은 대중이 아니라 성공한 사람들이 알려준다. 성공한 이들은 호기심을 갖고 질문을 던지며 신이 나서 흥겹게 살아가는 혁신가다. 이런 선구자들이 없었다면 우리는 여전히 벌거벗은 채 숲을 돌아다니며 열매와 뿌리를 채집하며 살고 있을 것이다.

이 짧은 목록에 중요한 자격 요건을 추가해도 좋다. 오래전부터 위대해지려면 약간은 미칠 수밖에 없다는 괴짜 이론crack-pot theory이 널리 퍼져 있었다. 다시 말해서 위대한 사람이 되려면 신경증적이거나 심지어 정신이상자여야 한다는 이론이다. 사실 역사를 돌아보면 이런 이론을 뒷받침할 만한 사람이 무수히 많다. 하지만 이런 사람들은 심각할 정도로 한쪽으로 치우치는 경향이 있다. 특정한 분야에서는 놀라운 성취를 이뤄내지만 그 외의 다른 모든 중요한 인간적인 범주에서 실패한다는 뜻이다.

나의 개인적인 의견과 고 에이브러햄 매슬로^{Abraham Maslow} 박사나 칼 로저스^{Carl Rogers} 같은 수많은 전문가의 의견에 따르면 정말 성공한 사람은 자신의 업무 분야뿐 아니라 대부분의 범주에서도 성공하는 경향이 있다. 매우 성공한 사람들은 가정에 충실하려 노력할 뿐 아니라 운동도 잘하고 업무 외의 다양한 분야에 관심과 열정을 보였다. 매슬로는 자신의 진정한 역량 중 많은 부분을 수면 밖으로 끌어내는 재능과 재주가 있다는 의미에서 이들을 자아를 실현한 사람^{self-actualizing people}이라고 불렀다. 이들은 신경증적이기는커녕 놀랄 정도로 안정되고 행복한 경우가 많다. 성공에 대한 정의는 사람마다 다르지만 나는 이것을 성공이라 부른다.

대접받고자 하는 대로 남을 대접하라

지난 100년 동안 성공 비법에 대한 수많은 글이 등장했다. 성공 비법은 사생활과 일을 막론한 모든 분야에 적용된다. 어떻게 걸어야 할지, 어떻게 웃어야 할지, 어떻게 열정적인 사람이 돼야 할지 알려준다. 잡지, 신문, 라디오, 텔레비전은 모두 우리에게 어떻게 하면 좋은 향기를 풍기고 건강한 매력을 발산하고 젊어 보일 수 있는지 소개한다.

좋다. 이런 비법은 모두 훌륭하다. 우리는 가족, 친구, 상사, 동료, 고객 등 중요한 사람들에게 우리를 알리고 싶어 한다.

지난 몇 년 동안 미국의 거의 모든 주에서, 온갖 부류의 영업 담당자와 비즈니스 담당자 앞에서 수백 번 연설을 했다. 연설 기회가 있을 때마다 최고의 비즈니스 전문가나 영업 담당자와 빠짐없이 대화를 나눴다. 정말로 뛰어나고 성공한 사람은 어떤 모습인지 종합적으로 그려보기 위해 꽤 큰 차고를 가득 채우고도 남을 만큼 많은 메모를 했다. 연륜 있는 사람, 젊은 사람, 살집이 있는 사람, 마른 사람, 외향적인 사람, 내향적인 사람 등 다양한 사람과 대화를 나눴다(내가 만나본 매우 성공한 사람의 상당수는 에너지가 넘치고, 시끌벅적하게 누군가를 칭찬하고, 마이크를 들고 남들 앞에서 떠들기 좋아하는 부류와는 거리가 멀었다. 그저 가정과 자녀에게 헌신하며 인생에서 보통 사람들보다 좀 더 많은 것을 갖겠다고 결심한 매우 다정하고 따뜻하고 친절한 사람들이었다).

따라서 전문가들의 의견에 따라 설문조사를 실시했다. 결과는 어쩌면 조금 놀라울 수도 있다. 내가 얻은 모든 교훈을 커다란 포도 압착 기계에 집어넣어 진액만 뽑아낸 다음 증류 과정을 거친 끝에 여러분에게 말한다고 봐도 괜찮을 듯하다. 하지만 내가 설문조사를 통해 찾아낸 반짝이고 놀라운 사실은 새로운 것과는 거리가 멀다. 이는 믿기 힘들 정도로 오래전부터 알려져 있었다. 이는 마치 태양처럼 수백 년 동안 계속 새롭게 거듭나 지금도 옛날처럼 밝고 따뜻하게 생명력을 불어넣는다. 이 결과를 확인한 후 어디선가 읽은 적이 있는 글귀라는 사실이 떠올랐다. 사무실 책장에 꽂힌 오래된 책을 한 권 뽑아서 나의 그 어떤 말보다 이 내용을 훨씬 잘 묘사한 글귀를 찾아냈다. 직접 찾아봐도 좋다. 〈마태복음〉 7장 12절이다. "그러므로 무엇이든지 남에게 대접받고자 하는 대로 너희도 남을 대접하라. 이것이 율법이요 선지자니라."

이것이 바로 황금률이었다.

자신이 대접받고 싶은 대로 상대를 대접하는 것이 그들의 성공 비결이었다.

　단순하다. 그렇지 않은가! 사실 너무 단순해서 대다수의 사람이 이 같은 사실을 완전히 간과한다. 우리는 단순하고, 흔하고, 일상적인 것을 너무 당연하게 여기며 제대로 보지 못한다.

　이것이 바로 세상에서 가장 오래된 최고의 규칙이자 성공한 사람들의 비법이다.

실패란 무엇인가?

실패란 무엇인가? 실패하려면, 실패자가 되려면 어떻게 해야 할까? 혹은 어떻게 해서는 안 될까? 흥미로운 주제다. 잠깐 실패에 대해 생각해보자.

허먼 멜빌Herman Melville은 1891년에 세상을 떠났다. 멜빌은 무시무시한 악을 상징하는 형이상학적인 존재인 고래를 추적하는 대작《모비딕》을 서른 살에 집필했다.《모비딕》은 1851년에 출판돼 몇 부 판매되지 않았고 머지않아 창의적인 글을 사랑하는 소수의 전문가를 제외한 나머지 사람들에게서 금세 잊혔다.

멜빌은《모비딕》이 출판된 후 40년을 더 살았다. 멜빌은 자신과《모비딕》이 모두 실패작이라고 생각했다. 출판사의 관점에서 보면 멜빌의 생각은 옳았다. 멜빌의 다른 소설 중《선원, 빌리 버드》는 멜빌 사후 40년 동안 출판되지 않았지만 지금은 당당하게《모비딕》과 함께 고전 문학으로 인정받는다.

오늘날, 멜빌의 작품은 수백만 부씩 팔려나간다. 하지만 멜빌의 상처받은 영혼이나 얄팍했던 지갑은 보상받을 길이 없다.

그렇다면 우리는 어떻게 가치를 평가하고 우수성을 판단하고 노골적인 무시와 대중의 무관심을 보상할 수 있을까? 흰머리 향유고래 모비딕은 죽었지만 소설《모비딕》은 영원히 사라지지 않을 글로 인쇄됐고 멜빌은 불멸의 문학가 반열에 올랐다.

이렇게 사후에 명성을 얻은 사람이 멜빌만은 아니었다. 많은 사람에게 이런 일이 벌어졌다. 소로와 에드거 앨런 포^{Edgar Allan Poe}에게도 같은 일이 벌어졌다. 예수 역시 마찬가지다.

그렇다면 실패란 무엇일까? 일생 동안 대중의 인정을 받지 못했다고 해서 실패했다고 볼 수는 없다. 성공이나 실패는 타인의 의견과 무관하다. 우리 자신과 우리가 하는 일에 관한 스스로의 의견이 성공과 실패를 가를 뿐이다. 다시 소로 이야기를 해보자. 소로는 출판사에 쌓여 있는 팔리지 않은 책을 대부분 챙겨서 고향으로 돌아가야만 했지만 그런 사실을 전혀 신경 쓰지 않았다. 심지어 소로는 700권 이상 보관된 서재의 책 대부분이 자신이 쓴 것이라는 말을 남기기도 했다.

그 어떤 시도도 하지 않는 사람만이 실패자라고 불릴 뿐이다. 인간의 성공을 결정짓는 것은 성취가 아닌 애쓰고 노력하고 시도하는 데 달려 있다. 자신이 해볼 만한 일이라고 생각되는 행동을 달성하기 위해 노력하면 그 즉시 성공했다고 볼 수 있다.

목표에 도달하지 못하는 것이 실패가 아니라 목표를 정하지 않는 것이 실패다. 다시 한 번 강조한다. 실패란 시도조차 하지 않는 것이다. 멜빌을 비롯해 사후 오랜 시간이 흐를 때까지 인정받지 못한 많은 사람은 이미 생전에 성공했다고 보는 것이 옳다. 평생 열심히 노력하고 자신이 가진 최고의 기량을 일에 쏟아부었기 때문이다. 우리가 이름을 들어보지는 못했지만 멜빌 못지않게 성공한 수백만 명의 또 다른 사람이 존재한다. 책을 쓰지도 않고 세상을 구하려는 시도도 하지 않았지만 자신만의 방식으로 자신이 위치한 곳에서 조용히 스스로 선택한 일에 최고의 기량을 쏟아붓는 사람이 무수히 많다.

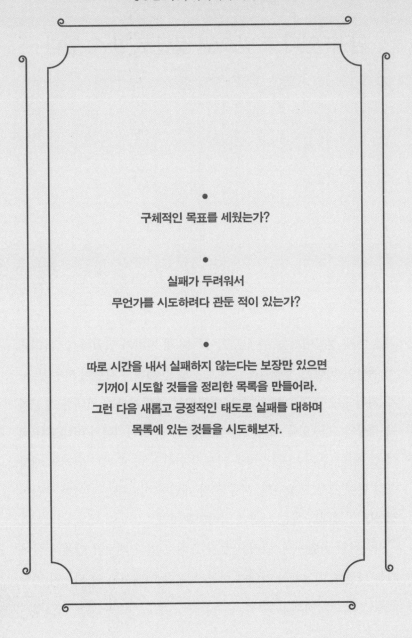

구체적인 목표를 세웠는가?

실패가 두려워서
무언가를 시도하려다 관둔 적이 있는가?

따로 시간을 내서 실패하지 않는다는 보장만 있으면
기꺼이 시도할 것들을 정리한 목록을 만들어라.
그런 다음 새롭고 긍정적인 태도로 실패를 대하며
목록에 있는 것들을 시도해보자.

할 수 있다고 믿으면 정말로 할 수 있다

바로 어제 성공이라는 주제로 이야기를 할 기회가 있었다. 그 자리에서 세상이 위대한 성공이라고 부르는 일을 해내는 사람이 5퍼센트도채 되지 않는다고 이야기했다. 여기에서 이야기하는 위대한 성공에는 세상의 모든 일을 이야기한다. 예를 들어, 어머니이자 아내로서 해야 할 역할, 좀 더 나은 장미를 키우기 위한 노력, 수백만 달러의 재산축적 등이 모두 포함된다. 성공은 각 개인이 이뤄내는 것이며 무엇이성공인지 제대로 아는 사람은 당사자뿐이다.

정신적인 측면에서, 그리고 문자 그대로 법의 테두리 안에서 살아가는 사람에게 성공이 어때야 하는지, 혹은 어때서는 안 되는지 말할 권리는 그 누구에게도 없다.

하지만 자신의 성공을 믿는 사람만이 성공할 수 있다. 실제로 성공은 정신적인 것이다. 목표에 도달할 때까지는 이미지화하고 믿는 것이 전부다.

자신에 대한 믿음은 인류가 이뤄내야 할 가장 까다로운 업적 중 하나다. 우리는 다른 사람은 얼마든지 무엇이든 이뤄낼 수 있다고 믿으면서 자기 자신은 믿지 못한다.

왜 그럴까? 물론 자신에게 매우 익숙하기 때문이다. 우리는 자신에 대해 잘 안다(혹은 잘 안다고 생각한다). 게다가 잘 아는 사람보다 낯선 사람이 좀 더 능력이 많으리라 믿는 것이 인간의 본성이다.

우리 개개인은 의식적으로건 무의식적으로건 자신의 사소한 결점, 과거의 실패를 기억한다. 스스로 잘 해낼 수 없는 수천 가지 일을 잘 알기 때문에 남들보다 잘하는 분야에서조차 자신의 능력을 과소평가한다. 인간은 결코 자신의 집에서 영웅이 될 수 없다. 마음속에서 스스로를 평가하는 것 역시 마찬가지다.

우리가 잘하는 분야에서 성공하는 것과 다른 사람이 자기 분야에서 성공하는 것이 크게 다르지 않다는 사실을 깨달아야 한다.

성공은 성공적으로 케이크를 굽는 것과 같다. 레시피를 따르기만 하면 된다. 좀 더 쉽게 만들려고 애쓰면 결국 제대로 된 케이크를 만들 수 없다. 하지만 인간은 목표를 마지막으로 한 번만 더 결정하고 분명하게 정의 내린 후 마지막 쉼표와 마침표까지 적은 다음 매일, 매주, 매달, 매년 목표를 달성할 때까지 끈질기게 나아가면 결국 성공할 수밖에 없다. 훌륭한 요리사가 이따금 실패한다고 해서 지나치게 걱정하거나 케이크 만들기를 관두지 않는 것처럼 성공으로 가는 레시피를 알고 있는 사람은 이따금 차질이 생기거나 실패해도 그다지 신경 쓰지 않는다. 성숙하고 총명한 사람들은 성공이 실패의 일부인 것처럼 실패 역시 성공의 일부라는 사실을 잘 알고 있다.

　미국 작가 찰스 윌리엄 웬트Charles William Wendte는 "인생의 성공은 재능이나 기회의 문제가 아니라 집중과 끈기의 문제"라고 적었다. 웬트의 말이 옳다. 하지만 인내심을 바탕으로 꾸준히 해나가려면 자신에 대한 믿음이 필요하다.

부자가 되는 법

부자가 되고 싶다면 바라는 가격보다 더 사용 가치가 큰 제품이나 서비스를 만들어내야 한다. 당신이 이 제품이나 서비스를 얼마나 많은 사람에게 판매할 수 있는가에 따라 당신의 부가 결정된다.

며칠 전, 바닥에서부터 시작해 대략 2억 달러의 재산을 일군 친구와 점심을 먹었다. 그에게 부자가 되는 방법에 대해 말할 자격이 없다면 그 주제에 대해 말할 만한 사람은 많지 않을 것이다. 부자가 되고 싶은 분들을 위해 친구의 이야기를 소개하겠다.

먼저 지나치게 흥정하거나 사람들을 부당하게 대우하거나 다른 사람에게 상처를 줄 필요는 없다. 또한 그 무엇도 거저 얻을 수 없다. 사실 부자가 되려면 당신이 상대하는 모든 사람에게 받은 것보다 더 많은 것을 돌려줘야 한다.

어떻게 그럴 수 있을까? 물론 모두에게 현금으로 계산된 시장 가치를 기준으로 받은 것보다 더 많이 돌려줄 수는 없다. 하지만 당신과 상대방 사이에 현금 가치를 상회하는 사용 가치를 줄 수는 있다. 반드시 그래야 한다.

예를 들어, 훌륭한 오디오 테이프 프로그램을 청취하고 당신의 수집품으로 삼는다면 구매할 당시 지불한 돈보다 훨씬 큰 사용 가치를 얻게 된다. 어쩌면 같은 프로그램을 반복해서 듣고 가족 구성원과 공유할 수도 있다. 이는 곧 당신이 해당 프로그램을 내놓은 출판사와 저자의 거래에 만족한다는 뜻이다. 어쩌면 이 오디오 프로그램이 당신의 경력을 상당히 발전시키거나 순자산을 대거 불리는 데 도움이 되는 멋진 아이디어를 제공할 수도 있다. 그렇지 않더라도 청취자가 즐길 수 있는 양질의 프로그램은 구매 비용 이상의 가치를 안겨준다.

자동차, 옷, 집, 교육, 컴퓨터, 사무용 최첨단 기기도 구매 가격보다 커다란 사용 가치를 얻을 수 있다. 이것을 생산한 사람들은 물건이나 서비스를 팔아서 벌어들이는 이윤에 제법 만족한다. 그러니 모두가 원하는 것을 얻는 셈이다. 세상의 이치에 대한 꽤 기초적인 이야기이지만 기본을 상기시키려는 노력이 필요할 때가 많다.

부의 의미는 사람마다 다르지만 부자가 되고 싶다면 바라는 가격보다 사용 가치가 큰 제품이나 서비스를 만들어내야 한다. 당신이 이 제품이나 서비스를 얼마나 많은 사람에게 판매할 수 있는가에 따라 당신의 부가 결정된다.

부자가 되는 가장 어려운 부분은 바로 생각을 해야 한다는 것이다. 매일 찾아갈 수 있고 어떤 방해도 받지 않을 조용한 장소를 찾아야 한다. 그곳에서 펜을 들고 종이에 아이디어를 적어 내려가보자. 강렬한 흥미가 느껴지는 것, 당신이 가장 사고 싶고 갖고 싶은 것을 찾아보자. 어쩌면 지금보다 더 잘할 수 있는 무언가가 나타날지도 모른다. 사람들은 돈이라는 표로 의사를 표시한다. 좀 더 커다란 사용 가치를 준다면 당장 당신에게 투표할 것이다.

생각은 스스로 해야만 한다. 모든 사람의 머릿속에는 금광이 있다. 두말하면 잔소리다. 물론 그 금광을 파헤치는 것은 세상에서 가장 어렵다. 그렇지만 매일 금맥을 찾기 위해 노력하는 사람은 후한 보상을 얻게 된다.

차이를 만드는 사람들

미국에서 가장 큰 회사 중 한 곳의 경영진과 함께 일한 적이 있었다. 내게 연락하기 몇 해 전, 그 회사는 매우 심각한 문제에 봉착했고 많은 돈을 잃었다. 주가는 곤두박질쳐 사상 최저치를 기록했고 많은 전문가는 그 회사가 멸종 앞에 최후의 발악을 하는 공룡 같다고 생각했다.

우울한 분위기가 조직 전체에 퍼져나갔다. 수천 명에 달하는 직원은 초상집에 가는 기분으로 회사에 출근했고 경쟁 기업들은 한때 그 기업의 고객이었으나 잔뜩 실망한 채 등을 돌린 수천 명을 두 팔 벌려 환영해 매출 신기록을 세웠다.

결국 절망에 빠진 이사회는 사장을 해고하고 다른 회사에서 새로운 인재를 영입해 그에게 조직을 개편할 수 있는 광범위하고 전면적인 권한을 주었다. 신임 사장은 새로운 경영 팀을 꾸렸고, 새 경영진은 팔을 걷어붙이고 업무에 돌입했다.

거의 순식간에 새로운 느낌, 새로운 정신이 조직 전반에 퍼져나가기 시작했다. 꾸준히 계속됐던 내리막길이 서서히 끝났고 회사는 다시 회생의 징후를 보이기 시작했다. 그로부터 3년 만에 회사는 이전으로 회복해 매우 많은 수익을 기록했다. 새로운 모습과 새로운 정신으로 무장한 채 다시 세계적인 일류 조직 대열에 합류했다.

바뀐 것이라고는 경영진뿐이었다.

인간의 우수성, 탁월함, 위대함은 항상 존재했다. 그저 누군가가 이끌어주고 동기를 부여하고 영감을 불어넣기를 기다리고 있었을 뿐이다. 이것이 바로 경영진의 역할이자 리더의 역할이다. 조직은 군대, 거대 기업, 중소기업, 교실, 가정 등 어디든 될 수 있다. 조직 구성원들은 리더가 보여주는 리더십을 흡수한다. 리더십이 한 집단의 성공여부를 결정한다.

이것이 바로 기업을 이끄는 최고 경영진이 많은 연봉을 받는 이유다. 최고 경영진이 부하 직원보다 열 배 더 똑똑하거나, 열 배 더 열심히 일하거나, 열 배 더 많은 시간을 쏟아붓기에 열 배 더 많은 돈을 받는 것은 아니다. 그저 다른 사람의 노력을 올바른 방향으로 이끌어나가고 다른 사람의 마음과 정신을 무장해, 지지 않고 이길 수 있다는 믿음을 불어넣는 진귀한 재능이 있기 때문이다.

사람들은 대개 거대 기업이 세계 곳곳으로 퍼져나가고 그 기업 제품이 사방에서 사용되는 모습을 지켜보며 기업을 거대한 '것', 즉 제품 생산을 위해 원자재를 사용하듯 인간을 이용하는 인간미 없고 기계적인 괴물로 여긴다.

실상은 그렇지 않다. 사실 회사가 돌아가거나 멈춰 서게 만들고, 성공하거나 실패하게 만드는 것은 바로 사람이다. 기업은 매 순간 인간의 정신과 손이 시키는 대로 고객의 욕구를 충족시키는 거대한 노예에 불과하다. 문 앞에 'CEO'라는 글씨가 적힌 사무실을 차지한 사람이 기업의 운명을 이끌어갈 책임을 홀로 짊어진다.

집에서나 길에서는 거대한 기업의 CEO도 다른 사람들과 다를 바 없어 보일 수도 있다. 하지만 CEO와 다른 사람들의 닮은 점은 거기에서 끝이다. 회장은 전반적인 상황이 제대로 굴러가도록 지시하는 사람이다. 차이를 만드는 사람이다.

원한다면 일단 해보자

개인적으로 링컨전기사^{Lincoln Electric Company}를 설립한 제임스 F. 링컨^{James F. Lincoln}의 말이 참 마음에 든다. "내면에 감춰진, 신이 주신 능력을 끄집어내기 위해 최선을 다할 만한 충분한 동기가 부여될 때까지는 인간이 얼마나 훌륭한 일을 해낼 수 있는지 결코 알 수 없다." 얼마나 많은 포드와 에디슨 같은 인물이 뛰어난 재능을 인정받지도 못한 채 세상을 떠났는지 우리는 결코 알 수 없다. 그들에게는 충분한 동기가 부여되지도 않았고 숨겨진 힘을 발휘할 수밖에 없는 인생의 위기도 없었다는 것이 비극이다.

미국에서 가장 뛰어난 경영자 중 한 사람인 A. W. 로버트슨^{A. W. Robertson}은 이렇게 적었다. "요구되는 일만 하는 사람은 노예다. 요구받은 것 이상을 하는 순간 자유인이 된다. 우리에게는 이 세상에서 해야 할 일이 있다. 조금 더 노력하면 행복과 만족을 얻을 것이다."

자신이 무엇을 하고 싶어 하는지 알지만 시작하기 두려운 사람이 수없이 많다. 이들은 자신이 부족하다고 느끼고 실패를 두려워하며 성공에 꼭 필요한 능력이 자신에게 없다고 확신한다.

클리퍼드 에컬스Clifford Echols는 오랫동안 사업을 하겠다는 꿈을 꿨다. 평생 식료품점 직원으로 일해온 에컬스가 받아본 최고 급여는 주당 45달러(약 6만 원)였다. 어느 날, 에컬스는 그의 생각을 송두리째 바꿔놓은 에머슨의 명언을 발견했다. "실행하는 사람에게는 힘이 있지만 실행하지 않는 사람은 그 힘을 가질 수 없다."

에컬스는 자신이 가진 모든 것을 담보로 돈을 빌린 다음 필요한 거래처들과 신용 거래를 시작했고 몇 년 후에는 연간 100만 달러(약 13억 원)를 벌어들였다. 에컬스는 나중에 이렇게 이야기했다. "계획했던 일을 실행하기 시작하자 내게 생각지도 못했던 숨은 재능이 있다는 사실을 깨닫게 됐습니다. 아이디어가 마구 떠올랐고 좀 더 성공적으로 사업을 키워갈 수 있었습니다. 요약하자면, 실행하기에 충분할 정도의 믿음이 생기자 내게 힘이 있다는 깨달음이 찾아왔습니다. 내내 제 곁에 있었지만 미처 깨닫지 못했던 그 힘을 말이죠."

이 일화를 통해 한 가지 중요한 교훈을 얻을 수 있다. 실제로 시작해야만 우리에게 힘과 실행할 재능을 발견할 수 있다는 사실이다. 제자리에 가만히 앉아서 생각하고 바라기만 하면 어떤 일도 일어나지 않는다.

미켈란젤로도 이렇게 이야기했다. "뛰어난 실력을 갖추기 위해 내가 얼마나 노력했는지 안다면 사람들은 지금의 내 모습을 전혀 경이롭게 여기지 않을 것이다."

소설가 윌리엄 서머싯 몸^{William Somerset Maugham}은 이렇게 적었다. "인생의 재미있는 점은 최고가 아닌 것은 절대로 받아들이지 않겠다고 하면 결국 최고를 얻을 때가 많다는 것이다."

바로 이것이다. 우리는 기대하는 만큼 얻게 된다. 좀 더 많은 것을 기대하고 노력하면 결국 얻게 된다. 꿈을 현실로 바꾸려면 일단 해봐야 한다. 안전한 방법 같은 건 없다. 한쪽 발을 1루에 두고 있는 한 2루로 달려갈 수 없다. 한마디로 일단 시작한 다음 자신의 능력을 찾아야 한다.

애슐리 몬터규^{Ashley Montagu} 교수는 이렇게 이야기했다. "무엇을 하고 싶은지 결정할 때는 까다롭게 굴어라. 열망이 매우 강렬하다면 결국 그것을 손에 넣게 되기 때문이다."

CHAPTER 5

성공하려면 알아둬야 할 것들

최선을 다하지 않으면 벌어지는 일

성공적인 하루를 보내려면 그날 실행하는 모든 행동을 성공적으로 해내면 된다. 매일 반드시 해야 할 것들을 해내면, 그것도 가능한 한 잘해내면 평생 성공적으로 살 수 있다.

핵잠수함에 승선했던 장교가 저명하고 뛰어난 미국 해군 잠수함 책임자 하이먼 리코버Hyman Rickover 제독을 면접관으로 만난 일화를 들려주었다. 그의 이야기를 들어보자.

"핵잠수함 프로그램에 리코버 제독이 면접관으로 나왔습니다. 제독을 직접 뵌 건 그날이 처음이었습니다. 우리는 두 시간 넘게 단둘이 넓은 방에 앉아 있었습니다. 제독은 제게 원하는 주제를 골라보라고 했습니다. 시사, 선박 조종, 음악, 문학, 해군 전술, 전자 공학, 포격 등 당시 제가 가장 잘 아는 것들을 매우 신중하게 골랐습니다. 제독은 점차 어려운 질문을 잇달아 던졌습니다. 새로운 주제가 나올 때마다 제가 선택한 주제에 대해 실제로 별로 아는 게 없다는 사실이 금세 증명되었습니다.

제독은 제 눈을 뚫어지게 쳐다보며 절대로 웃지 않았습니다. 제 온몸에 식은땀이 흘러내렸습니다. 마지막으로 제독이 한 가지 질문을 던졌고 저는 이전의 실수를 만회할 기회라고 생각했습니다. 제독은 이렇게 물었습니다. '해군 사관학교에서 성적이 어땠나?' 저는 조지아공과대학교에서 2학년까지 마친 이후 해군 사관학교에 신입생으로 입학했습니다. 이후 줄곧 매우 훌륭한 성적을 냈기 때문에 제 가슴은 자부심으로 부풀어올랐고 이렇게 답했습니다. '820명 중에서 59등을 했습니다.' 저는 편안하게 기대앉아 곧 축하의 말이 돌아오리라 믿었습니다. 하지만 그런 일은 벌어지지 않았습니다. 리코버 제독은 다른 질문을 하더군요. '자네는 최선을 다했는가?'

저는 '네, 그렇습니다'라고 답하려고 했습니다. 하지만 제독이 누구인지 떠올랐고 사관학교에서 동맹국과 적, 무기, 전략 등에 대해서 더 많이 배울 수 있었던 숱한 기회가 떠올랐습니다. 결국 침을 꿀떡 삼키고 답했습니다. '그렇지 않습니다. 항상 최선을 다하지는 않았습니다.'

제독이 오랫동안 저를 바라보더니 의자를 홱 돌려 면접을 끝내겠다는 뜻을 밝혔습니다. 제독은 마지막 질문을 던졌습니다. 잊지 못할 질문이었죠. 물론 대답할 수도 없는 질문이었습니다. '왜 최선을 다하지 않았지?' 저는 충격에 휩싸여 앉아 있다가 천천히 방을 나왔습니다."

리코버 제독과 면접을 본 핵잠수함 장교는 바로 조지아주 주지사와 미국 대통령을 역임한 지미 카터$^{Jimmy\ Carter}$였다.

"최선을 다했는가?"라는 질문에 당신은 어떤 대답을 할 수 있는가? 똑똑하고 근면한 사람이 넘쳐나는 세계 경쟁 속에서 우리는 매일, 항상 최선을 다해야 한다.

우리는 맡은 역할을 능력이 미치는 범위 내에서 최대한 잘해내야 한다. 이것이 바로 성공이다. 해야만 하는 일을 회피하면 우리는 따분하고 지루해지고 불안해진다. 매일 자신의 능력을 최대한 발휘하는 사람이 만족과 행복을 거머쥘 수 있다.

일생은 하루, 일주일, 한 달, 1년으로 이뤄진다. 인생의 기본 단위는 하루다. 삶을 구성하는 하루는 우리가 반드시 해야 하는 특정한 행동들로 이뤄져 있다. 성공적인 하루를 보내려면 그날 실행하는 모든 행동을 성공적으로 해내면 된다. 매일 반드시 해야 할 것들을 해내면, 그것도 가능한 한 잘해내면 평생 성공적으로 살 수 있다.

너무 많은 것을 하려고 애쓰며 분주하게 허둥댈 필요는 없다. 중요한 것은 얼마나 많은 행동을 하는가가 아니라 해야 할 일을 얼마나 제대로 해내는가다. 내일이나 다음 주의 일을 오늘 할 필요는 없다. 그저 오늘 해야 할 일에 최선을 다하고 내일 일은 내일 하면 된다. 또한 하루 동안 그 어떤 행동도 소홀히 하지 않는 것이 중요하다. 사소한 행동이 얼마나 중요한지 미처 알지 못할 때도 있기 때문이다.

전환점

최근에 한 프로그램에서 '매일 수많은 사람은 성공이 코앞이라는 사실을 깨닫지 못한 채 포기한다'고 이야기했다. 문득 A. J. 크로닌^{A. J.} Cronin 박사가 썼던 글이 떠올랐다. 당시 건강 때문에 의사를 관두고 글을 쓰기 시작했던 크로닌은 스코틀랜드에 있는 작은 농장의 방 하나를 빌려 몇 개월 동안 집필에 몰두했다.

크로닌의 글 일부를 살펴보자.

"절반쯤 썼을 때 부득이한 일이 생겼다. 마치 산사태가 일어나듯 갑작스럽게 처량함이 나를 덮쳤다. 나 자신에게 물었다. '터무니없을 정도로 제대로 준비되지 않은 일을 하느라 나는 왜 이렇게 자신을 못살게 굴고 있는 걸까? 이게 다 무슨 소용일까?' 그러고는 펜을 던졌다. 몹시 흥분한 상태로 런던에 있는 비서가 타자를 끝낸 후 갓 보내온 책의 앞부분을 다시 읽었다. 정말이지 간담이 서늘해졌다. 내 인생에서 이렇게 말도 안 되는 일은 본 적이 없었다. 이런 글은 누구도 읽지 않을 터였다. 나는 주제도 모르는 미치광이이고, 지금껏 쓴 모든 글과 앞으로 쓸 법한 글은 그저 무의미한 노력이자 완전히 헛된 일이라는 사실을 마침내 깨달았다. 갑작스레 너무 화가 나서 원고를 모두 들고 밖으로 나가 쓰레기통에 던져버렸다.

분별력 있는 온전한 정신으로 돌아올 때까지 걷는 편이 나을 듯해 나는 부슬부슬 내리는 비를 맞으며 산책을 했다. 호숫가로 거의 반쯤 내려갔을 때 나이 많은 농부 앵거스를 만났다. 그가 힘들게 일군 작은 농장의 땅은 대개 습지와 토탄질 황야였다. 앵거스는 그런 농장 땅을 가꾸기 위해 끈기 있게 열심히 도랑을 팠다. 그에게 내가 한 일과 그 이유를 이야기했다. 비바람에 시달린 거친 얼굴을 한 앵거스는 실망과 기묘한 경멸이 뒤섞인 얼굴로 나를 훑어본 후 입을 열었다. '의사 양반 말이 맞겠지요. 제가 틀린 겁니다…' 앵거스가 나를 꿰뚫어보는 것 같았다. '제 아버지는 평생 도랑을 팠지만 목초지를 만들지 못했습니다. 저 역시 평생 도랑을 파고 있지만 아버지와 마찬가지죠. 아마도 목초지가 되든지 아니면 안 되겠죠.' 앵거스는 삽에 발을 올리고 말을 이어나갔다. '저는 땅을 팔 수밖에 없습니다. 충분히 깊이 파면 여기에 목초지를 만들 수 있다는 사실을 제 아버지도 아셨고 저도 알기 때문입니다.'

나는 비에 흠뻑 젖은 채 수치심과 분노에 휩싸여 농장으로 돌아간

다음 눅눅해진 원고를 쓰레기통에서 끄집어내 주방 오븐 위에서 말렸다. 바싹 마른 원고를 테이블 위에 던져놓고 미친 듯한 절망감에 빠져 다시 작업에 몰두했다."

크로닌이 쓰레기통에 던져 넣었다가 끄집어내서 다시 쓴 원고가 바로《모자집의 성》이다. 크로닌은 이 책으로 부와 명예를 얻었다. 하지만 그보다 더 중요한 사실은 크로닌이 누구든 성취할 수 있는 가장 위대한 승리, 즉 스스로를 이기는 극기를 이뤄냈다는 것이다. 크로닌은 연이어《성채》,《천국의 열쇠》를 집필하고 그 외에도 수많은 인기 도서를 발표했다. 그중 상당수는 영화로 제작됐다. 하지만 맨 처음 일궈낸 위대한 성공, 즉 의심과 절망을 극복해낸 성과보다 더 강렬한 만족감을 준 것은 없었다.

그날 밤 크로닌이 앵거스라는 농부를 만나지 않았다면 어떤 일이 벌어졌을까? 우리는 크로닌이라는 위대한 작가를 만나지 못했을 테고, 크로닌은 최고의 성공과 만족을 놓쳤을지도 모른다. 얼마나 많은 사람이 너무 일찍 관두고 포기하는지 궁금할 것이다.

사람은 누구나 자신의 힘을 과소평가하고, 절망감을 느끼며, 무엇보다도 그만두고 싶어 하는 지극히 자연스러운 경향이다.

실패할 권리

실패 후에도 굴하지 않고 다시 도전하는 사람, 즉 충분히 오랫동안 노력하기만 하면 성공할 수 있다는 조금은 생소한 내적 지식을 가진 사람만이 결국 인생의 졸업장을 거머쥔다.

실패할 권리가 성공할 권리만큼 중요하다는 사실을 깨달은 적이 있는가? 악천후가 없다면 화창한 날에 감사할 줄 모른다. 사람은 대개 병들기 전에는 건강의 감사함을 잊곤 한다. 마찬가지로 실패가 없다면 성공에 감사할 줄 모르게 될 것이다. 실패 없이 성공한 사람은 없다.

　이런 속담도 있다. "고통 없는 성공은 불가능하다. 성공적으로 살고 있지만 그 어떤 고통도 받아본 적이 없다면 다른 누군가가 당신을 대신해 고통받고 있다는 뜻이다. 만약 고통만 받을 뿐 성공하지 못했다면 그 성공이 나중에 올 수도 있고, 다음 사람이 당신 대신 성공을 거머쥘 수도 있다. 어쨌건 고통 없는 성공은 없다."

성공은 대학 학위와 같다. 정해진 시간 동안 특정한 행동 방침을 따르기만 하면 도달할 수 있다. 상당한 성공을 쉽게 얻기는 불가능하다.

성공은 일종의 자연도태 원칙을 따르기도 한다. 실패 후에도 굴하지 않고 도전하는 사람, 오랫동안 패배감에 사로잡히기를 거부하는 사람, 충분히 오랫동안 노력하기만 하면 성공할 수 있다는 조금은 생소한 내적 지식을 가진 사람만이 결국 인생의 졸업장을 거머쥔다.

대부분의 성공한 사람들은 인생을 살아가면서 자신이 열망했던 지점에 마침내 도달했다고 느끼는 순간 갑자기 좌절했다가 이내 다시 출발점에 서는 일이 수없이 많았다고 이야기할 것이다.

보상은 인내와 끈기를 가진 사람에게만 주어진다. 하지만 눈부신 성공을 거두지 못했다고 실패자라고 볼 수는 없다. 이들 역시 자신이 진정으로 원하는 것을 가졌기 때문에 나름의 성공을 거둔 것이다. 그저 충분히 원대한 성공을 바라지 않았을 뿐이다. 자신이 가진 것에 만족하는 이들의 태도에는 전혀 문제가 없다.

어느 날, 한 젊은 남자가 사무실로 찾아와 놀라운 성공을 거두고 싶은 마음이 간절하다며 비법을 가르쳐줄 수 있는지 물었다.

나는 남자에게 자신이 생각하는 성공이 무엇인지 명확하게 정한 다음 목표를 달성할 때까지 하루에 12~16시간씩 정진하고 나머지 순간에는 목표에 대해 생각해야 한다고 이야기했다. 이렇게 하면 목표에 도달할 수 있다. 하지만 지하실을 만들려면 땅을 파야 하듯 성공하려면 반드시 실패가 필요하다는 사실을 깨닫고 길을 잃을 때마다 제자리로 돌아가기 위해 노력해야 성공할 수 있다고도 말했다.

그 뒤로 그를 본 적은 없다. 그가 내 조언을 받아들였는지 궁금하다. 목표 달성을 위해 쏟아부어야 하는 노력을 싫어하는 마음을 훨씬 넘어설 정도로 욕망이 커다란 사람만이 성공을 거머쥔다.

성공한 사람은 공상의 영역에 남겨두기에는 너무 흥미진진하고 중요한 꿈을 찾은 사람들이다. 이들은 매일, 매시간 자기 눈으로 성공을 바라보고 두 손으로 만질 수 있을 때까지 노력한다.

성장 혹은 쇠퇴

세상이 성공이라고 부르는 것을 이뤄낸 다음에도 계속 성장하는 사람이 있다. 어떻게 그럴 수 있을까? 혹은 성공한 기업이 어떻게 놀라운 성공을 이뤄낸 후에도 오랫동안 지속적으로 성장할 수 있을까?

　매년 연간 수십억 달러의 실적을 내는, 이름을 밝히면 누구든 고개를 끄덕거릴 만큼 유명한 기업을 알고 있다. 최근에 열린 회의에서 세계 여러 나라와 미국 각지에서 모인 경영진 앞에서 강연했다. 그후, 회의를 주최한 경영자가 이듬해 계획을 언급했다. 이 계획에는 높은 수준의 성장이 포함돼 있었다. 이 기업은 몇 년 전이었더라면 터무니없어 보였을 법한 판매 목표를 세웠다. 하지만 지금의 이 기업에 그 목표는 현실적이고, 결국 목표를 달성할 것이다.

연간 수십억 달러, 매달 수백만 달러의 매출을 올리는 기업이 계속해서 좀 더 높은 목표를 잡고, 회사를 확장하고, 좀 더 많은 사람을 채용하고 규모를 키우는 이유가 무엇일까?

재계의 똑똑한 사람들은 기업이 성장하지 않으면 곧 쇠퇴한다는 사실을 잘 알고 있다. 가만히 있는 것은 없다. "바로 이겁니다. 우리는 우리가 딱 원했던 만큼 성공했습니다. 이제 지금의 자리를 지키고 현재의 판매량과 수익을 유지하기만 하면 됩니다"라고 말할 수 있는 지점에 도달하는 것은 불가능하다. 너무 많은 변수가 있다. 아이작 뉴턴 Isaac Newton이 물리 법칙을 통해 증명해 보였듯 움직이는 물체에는 계속 움직이려고 하는 관성이 있다. 반면 멈춰 있는 물체는 계속 멈춰 있으려는 경향을 보인다. 어떤 기업이나 사람이 가만히 멈춰 서 있는 가운데 다른 기업이나 사람, 경제, 세계가 계속해서 발전해나가면 그 기업이나 사람은 좋건 싫건 후퇴한다. 이 세상의 모든 것이 동시에 멈추어 선다면 괜찮을 수도 있다. 하지만 그런 일은 절대로 벌어지지 않는다. 우리의 경쟁 상대는 절대로 멈추지 않고 시대는 변한다. 고객의 취향과 호불호도 변한다. 우리는 변해야 하고 시대의 흐름에 맞춰 성장해야 한다. 그렇지 않으면 도태된다.

성공한 사람이 자신이 딱 원했던 만큼이라며 그동안 이룬 성과를 모두 챙기고 성장을 멈춰버리면 어떻게 될까? 오랫동안 계발하려고 노력했던 창의적인 사고와 활동, 그동안 힘들게 쌓아왔던 노력은 어떻게 될까? 신나는 프로젝트를 진행하겠다는 열정은 어떻게 되는 걸까?

서둘러서 도전적이고 흥미로운 무언가에 뛰어들지 않으면 퇴보하고 위축된 채 결국 죽음을 맞이할 것이다. 설혹 가만히 있고 싶더라도, 자연 상태에서는 그 무엇도 멈춰 있을 수가 없다. 어느 시기의 어떤 나무건 자라지 않으면 죽는다. 기업이나 인간 역시 마찬가지다.

성공한 중소기업이 성공적인 대기업으로 성장하고, 성공한 대기업이 초거대 기업으로 발돋움하는 것은 바로 이런 이유 때문이다. 관련된 모든 사람에게 좋은 일이다. 더 많은 일자리와 더 많은 부가 생겨나고 생산성과 성장률이 높아질 뿐 아니라 모든 사람의 삶의 질이 좀 더 높아진다.

당신이 가만히 서 있는 것 같은가? 그렇다면 경계해야 한다.

기회가 문을 두드리면,
잡을 준비가 됐는가?

성공은 운이나 환경의 문제가 아니다. 매일 주어진 일에 최선을 다하고 언젠가 때가 온다는 확신 아래 기회를 잡을 수 있도록 대비하는 준비의 문제일 뿐이다.

한 어린 배우 지망생이 성공한 미국 코미디언 에디 캔터Eddie Cantor에게 연예계에서 성공하려면 어떻게 해야 하는지 물었다. 캔터는 잠깐 생각한 다음 한마디로 답했다. "준비가 돼 있어야죠."

대부분의 사람에게 기회는 많은 방식으로 여러 차례 찾아온다. 중요한 것은 언제, 어떻게 기회가 오는가가 아니라 '기회가 왔을 때 잡을 준비가 돼 있는가', 심지어 '그 기회를 알아챌 수 있는가' 여부다.

기회가 부족하다고 불평하는 사람들은 대개 세상이 자신에게 삶을 빚졌다는 잘못된 생각에 사로잡혀 있다. 이들은 대개 가만히 앉아서 놀라운 일이 벌어지기를 기다리며 이렇다 할 노력을 기울이지 않는다. 사실, 무엇을 아는가가 아니라 누구를 아는가가 중요하다는 잘못된 생각을 하는 사람이 여전히 많다. 이런 낡아빠지고 구태의연한 변명에 사로잡혀 있으면 자기 자신이 스스로를 괴롭히는 최악의 적이 된다.

사람들이 운이 좋다고들 이야기하는 사람의 인생을 살펴보면 힘든 준비와 포기할 줄 모르는 끈기 덕에 행운을 얻었다는 사실을 발견하게 될 것이다. 이런 부류는 거의 예외 없이 무언가를 매우 간절하게 원하고 오랫동안 노력하면 꿈을 이룰 수 있다는 사실을 알고 있다. 캔터가 한마디로 답한 "준비가 돼 있어야죠"라는 말의 뜻이 바로 이것이다. 준비할 의지가 있는 사람은 언젠가 틀림없이 기회가 찾아오고 실제로 그 기회를 잡을 수 있다는 확신을 갖고 준비에 매진할 수 있다.

매일 특정한 방식으로 특정한 일을 하는 것이 중요하다. 그게 전부다. 어린 학생들에게 인생에서의 성공은 운이나 환경의 문제가 아니라 매일 주어진 일에 최선을 다하고 언젠가 때가 온다는 확신 아래 기회를 잡을 수 있도록 대비하는 준비의 문제일 뿐이라는 사실을 가르쳐야 한다고 생각한다.

준비되지 않은 사람에게 기회를 주면 오히려 꼴이 우스워진다. 기회가 부족하다는 불평은 곧 세상을 향해 자신이 기회를 붙잡을 준비가 돼 있지 않으며 그런 기회를 활용할 자격도 없다는 사실을 떠벌리는 것이나 다름없다. 언제 어디에나 기회가 있기 때문이다.

"악마는 모든 사람을 유혹하지만 게으른 사람은 악마를 유혹한다"는 튀르키예 속담이 있다. 할 일 자체가 충분치 않거나 해야 할 일을 제대로 하지 않는 것이 얼마나 많은 불만족을 초래할지 궁금하다.

물에 빠져 목숨을 잃은 엘버트 허버드 부부

안녕하세요.

커너드사무소를 통해 입수한 최신 정보에 따르면 루시타니아호에 승선한 엘버트 허버드 씨 부부는 좀 더 운 좋게 구조된 승객 목록에 포함되지 않은 것 같습니다. 같은 배에 승선한 승객으로서, 그리고 오랫동안 허버드 씨를 알아온 지인으로서 갑작스럽고 끔찍한 사망 소식에 심심한 조의를 표합니다.

허버드 씨 부부 모두 차분하고 고요하게 최후의 순간을 맞이했다는 사실이 조금이나마 위안이 되길 바랍니다. 이 부분만큼은 확실하게 말씀드릴수 있습니다. 어뢰가 루시타니아호 우현을 공격했을 때 제가 두 분과 선교 바로 옆 좌현 난간에서 대화를 나누고 있었기 때문입니다. 저는 두 분께 아래쪽 갑판에 있는 전용 객실로 돌아가 구명 튜브를 갖고 와야 한다고 말씀드렸습니다. 하지만 허버드 씨는 얼굴에 미묘한 미소를 띠고 한쪽 팔로 아내를 다정하게 감싼 채 난간 옆에 서 계셨습니다. 허버드 부인 역시 허버드 씨 옆에 말없이 서 계셨고요. 두 분에게선 그 어떤 두려움도 느껴지지 않았습니다.

저는 객실로 돌아가 구명 튜브를 여러 개 챙겨서 두 분이 계시는 곳으로 돌아갔습니다. 하지만 허버드 씨 부부는 그곳에 계시지 않았습니다. 그 뒤로 루시타니아호에서 허버드 씨 부부를 다시는 보지 못했습니다.

지금 같은 때에 이런 말이 위로가 되지 않겠지만 그래도 제 마음을 알아주실 거라고 생각합니다. 두 사람보다 죽음을 차분하고 행복하게 받아들이는 모습은 본 적이 없습니다. 두 분은 서로의 눈을 바라보며 얼굴에 행복한 미소를 띠고 계신 것처럼 보였습니다.

C. E. 로리엇 주니어^{C. E. Lauriat, Jr.} 드림

당시 세상에서 가장 유명한 사람 중 하나였던 작가이자 편집자, 출판업자 엘버드 G. 허버드^{Elbert G. Hubbard}와 그의 아내 앨리스 M. 허버드^{Alice M. Hubbard}는 이렇게 생을 마감했다. 그것이 두 사람의 마지막이었다. 엘버트 허버드가 마지막으로 남긴 글귀 중 하나는 성공한 사람에 관한 것이었다. 그는 성공한 사람을 다음과 같이 정의했다.

"열심히 일하고 자주 웃고 많이 사랑한 자가 성공한 사람이다."

CHAPTER 6

인생의 행복 찾기

불만을 이해하라

인간의 삐딱한 본성을 이해하면 불만을 누그러뜨리고 삶을 받아들이는 데 커다란 도움이 된다. 너무 열심히 일하거나 오랫동안 계속 일하면 인간은 불만스러워지고 안정과 휴식을 원하게 된다. 반면에 너무 오래 쉬면 일을 찾는다. 너무 오랫동안 너무 많은 사람과 어울리다 보면 인간은 혼자 있고 싶어진다. 반대로 너무 오랫동안 혼자 있으면 곁에 있어줄 누군가를 갈망한다. 나이가 어린 사람은 많은 사람을 부러워하며 세월이 빨리 흘러가기를 바란다. 반면, 나이가 많은 사람은 젊은 사람들을 부러워하며 어떻게든 시간을 되돌리고 싶다는 갈망에 사로잡히곤 한다.

가질 수 없는 것을 갈망하는 마음은 어쩔 수 없는 인간의 본성이다. 이 사실을 이해하면 인생이 훨씬 더 행복해지고 유머 감각도 좋아진다. 완전하고 더없는 만족감을 느끼는 순간은 경이롭다. 하지만 이런 감정이 찾아오는 때는 드물고, 머지않아 계속해서 다른 무언가를 갈망하게 된다. 좋은 일이다.

인간의 이런 부분을 이해하면 좌절감을 피할 수 있다. 성장하는 인간의 내면에 숨어 있는 이와 같은 신성한 불만이야말로 인간을 발전시킨다. 우리의 불만이 상당한 고통과 불필요한 괴로움을 유발한다는 사실은 동전의 뒷면과 같다.

물고기로 변한 왕자를 낚은 어부에 관한 우화를 아는가? 물고기는 어부에게 자신을 놓아주면 어떤 소원이든 들어주겠다고 이야기했다. 어부는 물고기를 놓아준 다음 아내에게 낮에 있었던 일을 이야기했다. 어부는 부인과 함께 소원을 빌기 시작했다. 소원이 이뤄질 때마다 두 사람은 좀 더 큰 소원을 빌었다. 여러 차례 소원을 빈 끝에 두 사람은 수백 명의 하인을 거느리고 번쩍번쩍 빛나는 큰 성에 살게 됐다. 하지만 두 사람은 만족하지 않았다. 어부의 아내는 태양을 마음대로 조종하고 태양이 자신의 변덕에 복종하기를 바랐다. 어부가 부인의 소원을 이야기하자 물고기 왕자는 넌더리를 내며 모든 것을 앗아가버렸다. 두 사람은 결국 다시 초라한 판잣집에서 살게 됐다.

수많은 우화들처럼 인간의 본성을 다룬 이 이야기는 거북할 정도로 진실에 가깝다. 우리는 "이것만 있으면 남은 평생 정말 행복할 거야"라고 이야기한다. 그렇지 않다. 한동안 원하는 것을 누리고 나면 (물론 그 기간은 놀라울 만큼 짧다) 이내 다른 무언가를 원하게 된다. 인간은 늘 현실에 안주하지 않고 불만을 느끼는 존재다.

지금 불만이 있는가? 좋은 일이다. 우리가 더는 지저분하고 찬바람이 부는 동굴에 앉아 앓는 소리를 내며 동굴 벽에 무언가를 새기고 있지 않은 이유는 바로 그 불만 때문이다. 불만은 신성하다. 이 같은 사실을 이해하고 불만을 제대로 활용해야 한다.

말 냄새

미시간 북부 맥키노 아일랜드에 있는 그랜드 리조트 호텔에 묵었을
때 일이다. 저녁 식사를 끝낸 후 오래된 호텔 건물의 정면을 따라 길
게 늘어선 테라스의 한적한 공간에 앉아 편안하고 기분 좋게 휴식 시
간을 즐겼다. 가벼운 바람이 불었고 달이 밝았다. 호수는 아름다웠고
호수를 가르며 지나가는 배의 불빛도 보였다. 달빛이 밝아 상록수가
선명했다. 정말로 가장 멋진 밤이라고 해도 손색이 없을 만큼 근사한
시간이었다.

　잠시 후 한 쌍의 젊은 남녀가 기다란 테라스를 따라 거닐었다. 팔
짱을 낀 두 사람의 모습이 그렇지 않아도 아름다운 장면을 더욱 완벽
하게 만든다고 생각했다. 두 사람은 내 곁을 천천히 지나가더니 멀지

않은 곳에 자리를 잡고 앉았다. 그들은 잠깐 아무 말도 없이 조용했다. 당연하게도 두 사람이 눈부시게 아름다운 풍경과 밤을 나만큼이나 즐기고 있다고 생각하던 찰나 여자가 입을 열었다. "나는 말 냄새가 정말 싫어." 예상치 못한 여자의 말에 웃음이 걷잡을 수 없이 터져나왔다.

맥키노 아일랜드에는 자동차가 없고 말이 유일한 교통수단이다. 그러니 섬 곳곳에서 말 특유의 냄새가 날 수밖에 없다. 나는 말 냄새가 매력적일 뿐 아니라 승용차나 택시, 트럭의 소음과 매연보다 훨씬 덜 자극적이라고 생각했다.

나는 만물이 아름다운 자태를 뽐내고 너무도 낭만적이고 매력적인 분위기가 주변을 감싸는 그토록 근사한 저녁에 그녀가 찾아낸 언급할 가치가 있는 유일한 대상이 희미한 말 냄새라는 사실 때문에 웃음이 터졌다.

내 웃음에 두 사람이 놀라서 나를 쳐다봤고 나는 그 이유를 설명해야만 했다. 물론 둘 중 누구도 내 설명이 재미있다고 생각하지 않았다. 사실, 여자는 기분이 좀 나빠 보였고 두 사람은 금세 다른 사람의 대화를 엿듣고 비웃기까지 하는 낯선 사람을 두고 떠나버렸다.

이 일화에서 가장 슬픈 점은 이 매력적인 젊은 여자처럼 잘못된 것에 집중하면서 인생을 보내는 사람이 수도 없이 많다는 사실이다. 눈부시게 화창한 날에도 이런 사람들은 지평선에 걸린 작은 구름을 기어이 찾아낸다. 이들은 남의 좋은 점을 알아보지 못하고 자신의 문제점에 대해 불만을 늘어놓는다. 이런 사람들은 자녀의 성적표에서 다섯 개의 B가 아닌 한 개의 C를 받은 과목에만 주의를 기울이고 잘못을 지적한다.

이런 이들은 올바른 것보다는 잘못된 것만 찾는다. 기적과 아름다움으로 가득한 세상에서 이들은 오직 말똥만 본다. 이 같은 사실을 일깨워주면 그들은 되려 내가 현실을 외면하고 퇴보하고 있다고 이야기할 것이다.

이 세상에 완벽한 것은 없고 우리는 그저 가능한 한 많은 결점을 없앨 뿐이다. 이 세상이라는 창에서 오직 작은 얼룩만 보고 살아가는 가여운 사람들을 불쌍하게 여기자.

행복해지는 법

행복해지는 법을 알고 싶은가? 믿기 힘들겠지만 그 답은 이미 알려져 있다. 지금까지 지구상에 등장한 가장 똑똑한 인물 중 한 사람이 그 답을 찾아냈다. 그는 바로 1806년에 태어나 1873년에 세상을 떠난 뛰어난 철학자이자 경제학자였던 존 스튜어드 밀John Stuart Mill이다. 밀은 지금껏 존재한 그 어떤 사람보다 아이큐가 높았다고 알려져 있다. 그러니 당신이 밀보다 똑똑하다고 생각하지 않는다면 집중해보자.

밀은 이렇게 이야기했다. "자신의 행복이 아닌 다른 대상, 즉 타인의 행복, 인류의 발전, 심지어 예술이나 취미 등을 수단이 아닌 이상적인 목적으로 삼는 사람만 행복을 느낄 수 있다. 이렇게 다른 무언가를 목표로 삼으면 행복해진다."

이것이 바로 영속적이고 의미 있는 행복으로 가는 참되고 유일한 길이다. 이 정의는 매우 훌륭하지만 사람들은 행복이 무엇인지 무척 혼란스러워한다.

그래서 행복에 대한 밀의 정의를 다시 한 번 적어보려 한다. "자신의 행복이 아닌 다른 대상, 즉 타인의 행복, 인류의 발전, 심지어 예술이나 취미 등을 수단이 아닌 이상적인 목적으로 삼는 사람만 행복을 느낄 수 있다. 이렇게 다른 무언가를 목표로 삼으면 행복해진다."

학교에서는 왜 밀이 이야기하는 행복의 진실을 가르치지 않는지 궁금하다. 진정한 행복에 대해 제대로 된 정의를 내릴 수 있는 사람은 5,000명 중 한 명도 안 된다. 행복해지고 싶다면 행복이 아닌 다른 것에 마음을 쏟아야 한다. 직접적으로 행복을 좇으면 행복은 영원히 도망칠 것이다.

사람들은 그 어떤 행동도 하지 않으면서 수시로 "행복해지고 싶다"고 이야기한다. 이런 사람들은 자신을 둘러싼 조그만 세계에서 벗어나기 전까지는 결코 행복이 무엇인지 알지 못한다. "자신의 행복이 아닌 다른 대상에 집중하는 사람만이 행복을 느낄 수 있다." 이것이 바로 행복해지는 비법이다.

가장 바쁘게 사는 사람과 거의 항상 다른 사람에게 도움을 주는 사람이 대개 제일 행복하다. 자신이 하는 일과 도달하고자 하는 목적지에 몰두하면 행복이 조용히 다가와 자신의 일부가 된다.

다른 사람에게 주는 것보다 자신이 얻을 것을 끊임없이 걱정하는 자기중심적인 사람은 다른 사람에게 고통과 불행을 주는 가련하고 불행한 사람이다. 하지만 안타깝게도 세상은 이런 사람으로 가득하다. 불행에 사로잡혀 어찌할 줄 모르는 교활하고 탐욕스러운 사람은 어디에서든 있다. 이들은 삶도 죽음도 두려워한다. 인간의 한심한 모습을 상징하는 이들은 자신의 무지 때문에 결국 끔찍한 대가를 치른다.

행복은 기다릴 필요가 없다

행복의 필수 재료는 대개 일상에 이미 존재한다. 행복의 조건이 갖춰지기를 기다릴 필요가 없다. 이미 우리 손에 있기 때문이다. 사실 행복의 재료는 너무 익숙해서 당연하게 여겨지는 것들이다.

대부분의 사람이 미래의 행복을 기다린다는 사실을 알아챈 적이 있는가? 사람들은 하루를 무사히 넘기는 데 지나치게 몰두한 나머지 그 시간을 즐겨야 한다는 사실을 잊는 듯하다. 이들에게 행복은 언젠가 도달하기 위해 고군분투하는 먼 도시처럼 보인다. 행복을 제대로 누리려면 행복해지는 법을 배우고 연습해야 한다. 행복을 규정할 수 없는 미래에 밀쳐두면 그곳에 도달하더라도 느끼지 못할 것이다.

이런 태도는 "언젠가 피아노를 살 형편이 되면 자리에 앉아 아름다운 음악을 연주할 겁니다"라고 말하는 것과 다르지 않다. 이렇게 해서는 피아노를 제대로 연주할 수 없다. 피아노가 생긴다고 해서 연주 방법을 저절로 터득하게 되는 것이 아니기 때문이다. 마찬가지로 자신이 기준으로 세운 특정한 상태에 도달한다고 해서 갑자기 행복해지지는 않는다.

미국의 석유 사업가이자 대부호로 수십억 달러의 자산을 보유한 진 폴 게티^{Jean Paul Getty}는 "돈으로 살 수 없는 것은 무엇입니까?"라는 한 기자의 질문에 이렇게 답했다. "돈으로 건강을 살 수는 없죠. 즐거운 시간도 살 수 없고요. 제가 지금껏 경험한 최고의 시간을 떠올려 보면 돈이 한 푼도 필요 없는 때도 있었습니다."

사실 행복의 필수 재료는 대개 일상에 이미 존재한다. 행복의 조건이 갖춰지기를 기다릴 필요가 없다. 이미 우리 손에 있기 때문이다. 사실 행복의 재료는 보통 너무 익숙해서 당연하게 여겨지는 것들이다. 바로 가족, 동료, 희망이다. 하루에 대한 기대와 하루하루가 모였을 때 나타날 결과, 즉 성실하고 정직하게 일해서 자부심과 만족감을 얻고 그 후에 여가와 휴식을 즐길 기회 같은 것들도 있다. 친구나 이웃과 함께 있을 때 느끼는 행복도 존재한다. 생각이 깊은 사람은 살아 있다는 사실만으로도 행복해한다. 이런 사람은 화창한 날의 산책을 즐기지만 비가 오는 날 걷는 것도 좋아한다. 파도 소리나 장작 타는 소리에서도 행복을 찾을 수 있다.

비참해지는 법

행복해지는 법을 알려드렸으니 이번에는 비참해지는 법도 이야기해야겠다. 먼저, 절대로 웃지 말아야 한다. 이 세상의 모든 금을 갖다줘도 자신의 일상적인 불행과 바꾸지 않을 사람이 말 그대로 수백만 명은 된다. 아마 당신 주변에도 그런 사람이 있을 것이다. 사실 당신이 알고 지내는 사람 열 명 중에 몇몇은 불행을 사랑하는 사람일 것이다 (과장 같겠지만 그렇지 않을 것이다).

실질적이고 상습적이며 견고하고 끝없는 불행에 도달하기 위한 첫 단계는 오로지 자신과 자신의 문제에 몰두하는 것이다. 사방을 자기 자신으로 가득 채운 일종의 섬이 되는 것이다. 모든 생각을 자신에게 집중시키면 다른 사람이나 다른 것에 대해서 생각할 시간이 많지 않거나 전혀 없다. 이렇게 되면 결국 바깥세상, 즉 진짜 세상은 히치콕의 영화 속에 나올 법한 일종의 안개 속으로 사라진다. 물론 어쩌다한 번씩 바깥세상과 맞닥뜨릴 테니 이런 세상이 존재한다는 사실 자체는 인지한다. 하지만 그에게 바깥세상은 대개 어두컴컴하고 선명하지 않다.

바로 이 대목에서 중요하지만 잘 알려지지 않은 사실을 짚고 넘어가야 한다. 사실, 오직 자신에게만 집중하는 사람은 지혜가 미미하기 때문에 자기 내면에 그다지 집중할 거리를 만들어놓지 못했을 확률이 높다. 이런 사람의 내면은 일종의 진공 상태와 같아서 무언가를 지어낼 수밖에 없다.

예를 들면, "이 세상은 나를 싫어해" 같은 생각을 지어낸다. 최악의 자만심이다. 이 세상은 그 사람을 싫어하지 않는다. 사실, 이 세상은 그런 사람이 존재하는지도 모른다. 그래서 완전히 무시한다.

이런 태도로 많은 관심을 끄는 데 실패하면 또 다른 방식을 택한다. 예컨대 질병을 끌어들이는 경우도 있다. 오랫동안 병을 갈망하면(사실 그리 오래 걸리지 않는다) 열대 피부병의 일종인 매종에서부터 광견병에 이르기까지 인간에게 알려진 질환이나 질병의 증상(물론 알려지지 않은 증상으로 고통받을 수도 있다)이 곧 찾아온다. 새로운 질병에 걸렸다는 생각에 빠져든 그는 주변의 다른 사람들도 자신만큼 비참해졌으면 좋겠다고 생각하게 된다. 그래서 남들에게 자신의 병에 대해 떠들어댄다. 딱히 듣고 싶어 하지 않는 상대에게도 계속 자기 이야기를 이어나가며, 동정심의 징후를 찾기 위해 애쓴다. 상대가 조금이라도 동정심을 보이면 성공했다고 생각하며 새롭고 흥미로운 의학적인 문제를 언급하며 계속 같은 대화를 이어나가려고 한다. 매일 아침 개운하지 않은 상태로 일어나 온 세상을 향해 그 같은 사실을 떠들어댄다!

하지만 곧 변화를 감지한다. 그가 다가가면 다들 슬슬 피한다. 더는 사람들이 그의 따분한 이야기를 듣고 싶어 하지 않는다. 심지어 가족마저 더디고 고통스럽게 죽음을 맞이하게 될지도 모르는 상황에 처했다는 그의 항변에 무관심한 태도를 보이며 귀담아듣지 않는다.

이런 태도들에 화가 난 그는 어린애같이 자신이 죽든 말든 아무도 신경 쓰지 않는다며 소리를 질러댄다. 사실 그의 말은 상당히 진실에 근접한 셈이다. 비통한 마음이 깊어지고 불행의 그림자가 짙어지면 그는 동굴 속으로 더욱 깊이 파고들어 세상을 저주하고 행인을 향해 이따금 돌멩이를 던지는 등 완전한 웃음거리로 전락한다.

이것이 바로 스스로 불행해지고 주변 사람까지 불행하게 만드는 가장 흔하고 뛰어난 공식 중 하나다. 결국 이 모든 것은 스스로에게 지나치게 몰두한 나머지 자신이 중요한 사람이라고 착각하는 데서 비롯되었다.

영국의 문학가 새뮤얼 존슨Samuel Johnson은 이렇게 적었다. "우리가 느끼는 불행 중 상당수는 비교에서 시작된다. 진짜 불행해서가 아니라 상상하는 행복이 없다는 이유로 불행해지는 경우가 많다." 힌두교 속담에 따르면 "불행한 사람은 매우 말이 많다." 사실이지 않은가?

마스터 단어

'마스터 단어^{The Master Word}'라는 흥미로운 표현이 있다. 나이와 일과 직업에 상관없이 마스터 단어는 모든 사람의 삶에 의미와 유용함을 부여하고 새로운 명확성, 자기 존중감, 만족감을 안겨주는 놀라운 일을 해낸다.

영국의 유명한 의학자 윌리엄 오슬러 경^{Sir William Osler}은 이렇게 적었다. "마스터 단어는 흔하고 짧지만 의미는 매우 크다. 이는 모든 문을 여는 마법의 주문이자 훌륭한 무기이자 인류라는 모든 비금속을 금으로 변화시키는 현자의 돌이다. 마스터 단어는 어리석은 자를 똑똑하게 만들고, 똑똑한 자를 뛰어나게 만들고, 뛰어난 자를 안정시킨다. 젊은이에게는 희망을, 중년에게는 자신감을, 노년에게는 안식을 가져다준다."

마스터 단어가 무엇인지 아는가? 한번 추측해보라. 사실, 앞선 설명에서 이미 마스터 단어가 등장했다. 알아챘는가?

그렇다. 마스터 단어는 바로 **일**^{work}이다!

이미 언급한 바 있지만 이전에 배운 내용을 상기시켜보겠다. 인간에게는 인생에서 가장 중요한 부분을 당연하게 받아들이는 가장 이상하고 비뚤어진 성향이 있다. 카메라 앞에 서 있는 배우든, 거대한 원양 여객선의 선장이든, 커다란 불도저 운전기사든, 작가든, 화가든, 자녀를 둔 어머니든 모두 마찬가지다. 어떤 일이건 시간이 지나면 매력이 줄어들고 일을 할 때 찾아오는 흥분감도 약해지며 결국 달걀을 판별하는 일만큼 진부하게 느껴진다.

인생의 부산물

폴 셰어 Paul Scherer 박사는 즉각적이고 직접적인 답을 얻고자 했던 욥의 조급함을 언급하며 이렇게 이야기했다. "간단하게 말해서, 위대함과 평화와 행복은 인간의 영혼이 스스로 정할 수 없다. 이것들은 바다에 떠 있는 배처럼 항해할 가치가 있는 참된 항로를 따라 꾸준히 나아가 얻은 삶의 부산물일 뿐이다."

다시 말해서 당신이 목표로 삼은 항로가 올바르다면 그 외에 원하는 모든 것은 부산물일 뿐이다. 그렇다면 "항해할 가치가 있는 참된 항로"를 찾는 방법은 무엇일까?

얼마 전, 한 남자가 찾아와 어떻게 하면 인기 있고 유명한 연사가 될 수 있는지 조언을 구했다. 남자는 내게 자신은 연설을 좋아하며 이를 직업으로 삼고 싶다고 이야기했다. 그런데 어떤 연설을 하고 싶냐는 내 물음에 남자는 아무 말도 하지 못했다. 남자는 주최 측에서 원하는 주제라면 무엇이든 연설할 마음을 먹고 있는 것이 분명했다. 남자의 관심은 연설의 주제가 아니라 자신이 연설을 원한다는 사실뿐이었다. 정말로 사람들 앞에서 말하고 싶고 마음속에서 들끓어 올라 입 밖으로 꺼낼 수밖에 없는 것을 찾기 전까지는 인기 있고 많은 사람이 원하는 훌륭한 연사가 절대로 될 수 없다고 이야기해주었다. 연사들은 자신이 말하고 싶어 하는 바로 그것 때문에 위대해진다. 자신이 선택한 주제에 대한 열정이 그를 자연스럽게 위대함으로 이끈다.

항해할 가치가 있는 참된 항로 역시 마찬가지다. 몰두하고 전념할 만한 항로를 찾아야 한다. 그렇게 하면 벌이 꽃을 향해 날아가고 아이가 부모에게 달려가듯 위대함과 평화와 행복이 자연스럽게 뒤따른다.

자신의 인생이 혼란과 불확실성, 따분함, 불행으로 가득하다고 생각하는 사람은 의미 있는 수단, 즉 완전히 몰입할 수 있는 것을 찾아야 한다. 반드시 원대한 대의가 필요하지는 않다. 지금 하는 일에서도 의미를 찾을 수 있다. 어쨌건 반드시 의미 있는 수단을 찾아내야 한다.

욕구 단계 이론을 정립한 에이브러햄 매슬로 Abraham Maslow 박사의 말을 빌리자면 "자아를 실현"해야 한다. 즉 성취와 개인적인 발전을 향해 꾸준히 정진해야만 한다.

J. 월리스 해밀턴 J. Wallace Hamilton 박사는 질문과 대답을 통해 이 같은

점을 분명하게 짚고 넘어갔다. 해밀턴은 이렇게 기술한다. "행복의 기본 법칙은 무엇이며, 우리는 어떻게 그 법칙을 익힐 수 있을까? 모두가 근본적으로 동의하는 가장 명확한 법칙은 '행복'이라는 영혼의 내적 음악은 본질적이고 필연적으로 부산물에 불과하며 행복은 언제나 간접적인 행동으로만 얻을 수 있다는 것이다. 행복을 좇거나, 물고 늘어지거나, 직접적으로 추구하는 것은 이를 걷어차는 가장 확실한 방법이다."

행복을 얻는 것을 임무로 여기는 사람들은 행복을 놓치고, 행복할 권리에 대해 요란하게 떠들어대는 사람은 대개 행복하지 않다. 행복은 그저 꿈을 좇는 과정에서 얻을 수 있는 기분 좋은 부산물이다.

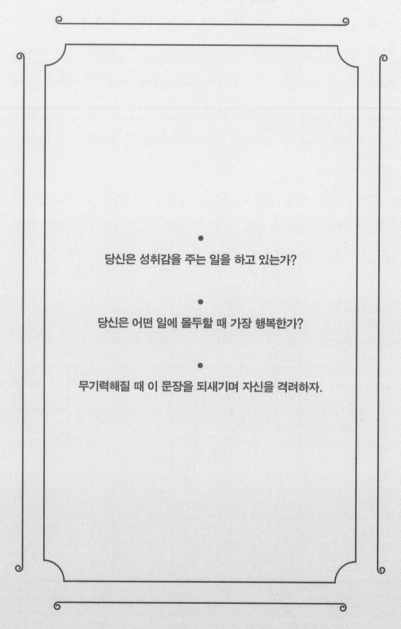

당신은 성취감을 주는 일을 하고 있는가?

당신은 어떤 일에 몰두할 때 가장 행복한가?

무기력해질 때 이 문장을 되새기며 자신을 격려하자.

거대한 흐름 속에 뿌리를 내려라

이리저리 부는 경제적·사회적 바람과 무관하게 목적지를 향해 꾸준히 항해하도록 도와주는 거대한 의식에 뿌리를 내려야 한다.

범선을 타고 항해하던 시절, 남극해에 들어선 선원들은 낯설고 경외심을 불러일으키는 광경과 맞닥뜨리곤 했다. 바다 위로 우뚝 솟은 거대한 빙산이 바람을 거슬러 움직이는 모습은 가히 압도적이었다. 당시 선원들은 바람에 의존해 범선을 움직였기 때문에 생명체가 없는 반짝반짝 빛나는 거대한 얼음덩어리가 거친 바람을 향해 다가가는 모습은 신비로우면서도 호기심을 불러일으켰다.

  시간이 한참 지난 후 바다를 연구하는 학자들은 거대한 강과 같은 해류가 바다를 관통하며 신비롭게 움직인다는 사실을 발견했다.

배를 타고 옆을 지나가는 데만 며칠이 걸릴 정도의 크기를 비롯한 대형 빙산은 전체 부피의 90퍼센트가 해류에 잠겨 있다. 이런 구조 때문에 해수면의 바람이나 물결이 어떻건 거대한 빙산은 당당하게 제 갈 길을 간다.

나는 이 이야기가 마음에 쏙 든다. 사람이 어떻게 이리저리 부는 경제적·사회적 바람과 무관하게 목적지를 향해 꾸준히 항해하도록 도와주는 거대한 의식에 뿌리를 내릴 수 있는지 알려주는 훌륭한 사례이기 때문이다.

이렇게 살면 서두르거나 정신없이 바쁘게 굴 필요도 없고, 의심이나 혼란에 사로잡히지도 않는다. 대신 매일 꾸준히, 속도를 줄이지 않고 자신이 나아가야 할 길을 따라 조금씩 움직인다. 이를 지켜보던 누군가는 그가 별다른 진전을 이뤄내지 못했다고 생각할 수도 있다. 하지만 빙산이 그렇듯 일주일 뒤에 그는 정확하게 같은 위도와 경도에서 찾아볼 수 없을 것이다. 1년쯤 지나면 정말로 놀라울 정도로 먼 거리를 이동했을 테고 그의 주변에 있었던 사람들은 여전히 오락가락하며 제자리를 빙글빙글 돌고 있을 것이다. 주변 사람들은 어느 날에는 거북이를 재빨리 지나쳐 달려가는 토끼처럼 그 곁을 쏜살같이 달려갈 것이다(여러 비유를 섞어 쓰는 것을 이해해주기 바란다). 하지만 그는 절대로 뒤돌아보는 법 없이 철저히 여정을 즐긴다. 무엇보다도 그는 자신의 목적지가 어디인지 놀라울 정도로 잘 알고 있으며 여전히 먼 거리를 매일 조금씩 좁혀가고 있다는 사실을 안다.

모두가 그렇듯 그 역시 살다 보면 폭풍에 떠밀려 경로 밖으로 밀려나고 장애물에 부딪혀 발이 묶일 수도 있다. 하지만 머지않아 다시 자신의 길로 되돌아와 앞으로 나아갈 것이다.

이것이 바로 강인하고 평온하며 지혜로운 사람의 삶이다. 살면서 모든 것을 할 수도 없고 모든 것이 될 수도 없다는 사실을 잘 아는 사람은 자신이 갈망하고 자기 성향에 가장 잘 맞는 것을 차분하게 선택하고, 그 외의 모든 것을 마음에서 밀어낸 후 인생의 여정을 시작한다.

이런 사람의 인생은 알차게 보낸 시간이 쌓여서 거의 믿기 힘들 정도로 놀라운 효과가 나타난다. 일관되게 시간을 사용하면 그 결과가 복리로 불어나 몇 년 내에 그는 자신과 같은 방식으로 살아간 소수를 제외한 나머지 사람보다 한참 앞서나갈 것이다.

이런 사람은 거대한 빙산과 같다. 한결같은 믿음이 그의 뿌리를 단단하게 붙든다.

에머슨은 "모든 사람에게는 반드시 따라야 할 편견이 있으며 이를 느끼고 따를 때만 이 세상에서 자신의 힘을 정당하고 올바르게 발전시킬 수 있다. 이것은 아무리 강조해도 지나치지 않다"라고 했다.

세렌디피티

세상에 낱말만큼 재미있는 것이 없다. 당신의 어휘 목록과 삶의 방식에 추가하면 좋을 만한 낱말을 하나 소개한다. 바로 세렌디피티 serendipity다. 옥스퍼드 사전에서는 세렌디피티를 "예상치 못한 기쁨을 주는 것을 우연히 발견하는 능력"이라고 정의한다. 대담한 행동 방침을 따르는 사람에게 거의 항상 찾아오는 좋은 것들, 즉 뜻밖의 재미가 있는 것을 의미하기도 한다.

이 단어를 처음 만든 사람은 영국 작가 호레이스 월폴Horace Walpole이다. 월폴은 〈세렌딥의 세 왕자The Three Princes of Serendip〉라는 오래된 우화의 제목을 따서 세렌디피티라는 단어를 만들었다. 이야기 속의 세 왕자는 항상 찾지도 않았던 무언가를 발견했다.

예를 들어, 무언가를 발명한다고 생각해보자. 그 과정에서 전혀 예상치 못했던 놀라운 것을 발견하는 경우가 많다. 이것이 바로 세렌디피티다. 요점은 무언가를 찾기 위해 노력하지 않는다면 우연한 발견도 없다는 것이다.

사람들이 누군가를 두고 '세상에서 가장 운이 좋은 사람'이라고 이야기하는 것을 들어본 적이 있을 것이다. 하지만 그를 실제로 들여다보면 항상 새롭고 흥미롭게 일할 방법을 찾는 바쁘고 긍정적인 사람이라는 사실을 깨닫게 될 것이다. 준비된 상태에 기회가 더해질 때 찾아오는 것이 바로 행운이라고 정의한 사람도 있다. 준비가 돼 있지 않은 사람에게 행운은 찾아오지 않는다. 새로운 시도를 꺼리지 않는다면 훨씬 많은 사람이 항상 상당히 멋지고 흥미로운 경험을 하게 될 것이다.

예를 들어, 자신의 일을 몹시 싫어하는 사람이 있다고 가정해보자. 자신의 일을 실제로 싫어하고 혐오하는 사람이 수없이 많다. 하지만 안전한 삶에 대한 왜곡된 생각 때문에 그 일을 버리지 못한다. 이런 사람들은 자신이 정말로 좋아하는 일을 찾고 그 일을 할 준비가 되면 지금의 일과 작별할 수 있다. 바로 그 순간, 세렌디피티가 작동해 대담하고 긍정적인 행동 방침을 따르는 사람에게 좋은 일이 찾아온다.

다른 직업들에 대해 잘 알지 못하는 탓에 지금껏 해온 일을 계속하느라 따분함과 좌절을 느끼는 경우가 많다. 자신의 일을 제외하면 어떤 직업이 있는지 거의 알지 못하며 그나마 자기 일에 대해서도 제한적인 지식밖에 없는 사람이 놀랄 만큼 많다. 어떤 비즈니스나 업계에 종사하든 시간을 들여서 좀 더 자세히 조사해본다면 도전하고, 재미를 찾고, 자신이 원하는 일을 찾을 수 있을 것이다.

인류 역사상 가장 위대한 탐험가 중 한 사람인 제임스 쿡^{James Cook} 선장은 평범한 선원에서 출발했다. 많은 것을 익힌 쿡은 4년 만에 선장이 되었고, 이후에는 유명세를 안겨준 놀라운 것들을 발견했다. 선원에서 시작해 행복하고 성공적이며 뜻밖의 것을 발견하게 됐다. 또 다른 선원 조지프 콘래드^{Joseph Conrad}는 선장이 되기 위해 열심히 공부하고 일했다. 콘래드는 나중에 자신에게 인기와 유명세를 안겨준 바다에 관한 놀라운 이야기를 글로 남겼다. 특정 일에만 적용되는 이야기가 아니다. 그저 선원을 하나의 예시로 선택한 것뿐이다. 어떤 일이든 마찬가지다.

세렌디피티는 멋진 말이다. 어떤 일을 하건 세렌디피티가 적용될 것이다.

성공은 지금, 여기에서 시작된다

CHAPTER 7

인간다운 모습을 찾기 위한 노력

웃음, 인간 고유의 치료법

한쪽이 언쟁을 시작하면 다른 한쪽이 무조건 웃기게 하라는 제안으로 이혼의 갈림길에 선 많은 부부를 성공적으로 재결합시킨 결혼 상담사가 있다. 결혼 생활에서 웃음이 사라지면 진짜 문제가 시작된다.

한 남편이 물었다. "제가 도대체 어떻게 아내를 웃게 만듭니까? 3년 동안 전혀 웃지 않았던 사람인걸요."

상담사가 물었다. "3년 전에는 아내가 왜 웃었죠?"

남편은 한동안 생각하더니 대답했다. "제가 집 앞 빙판에서 넘어졌거든요."

"이미 답을 아시네요. 아내가 언쟁을 시작하려 들 때마다 넘어지세요."

물론 상담사의 발언은 두 사람 모두를 웃게 했다. 상담사는 남편에게 두 사람 모두를 웃게 할 정도로 바보 같은 행동을 해보라고 제안했다. "귀에 셀러리를 꽂을 수도 있을 겁니다. 뭐든지 좋아요."

오래전에 시카고에서 라디오 연속극 리허설을 하던 때가 생각난다. 리허설은 엉망이었다. 대본은 형편없었고, 배우들은 배역에 불만이 가득했으며, 감독은 점점 초조해졌고, 날씨마저 눈이 내리고 추웠다. 시간에 쫓겨 우울하게 최종 리허설을 하려는 순간 어느 배우가 잠깐 스튜디오 밖으로 나가더니 눈을 멍하게 뜨고서 양쪽 귀에 연필을 삐죽하게 꽂은 채 요란하게 앓는 소리를 내며 비틀거리면서 돌아왔다. 기다란 노란색 연필 한 자루를 반으로 부러뜨려 양쪽 끝을 귀에 꽂아 넣은 것이었다. 귀에 연필을 쑤셔 넣은 것 같은 배우의 모습을 보고 감독, 엔지니어, 음향 효과 담당자, 음악 담당자 등 모두 주체할 수 없이 웃음을 터뜨렸고 결국 너무 웃겨서 눈물이 흘러내리기까지 했다. 그때부터 모든 것이 잘 돌아갔고 그 프로그램은 그해 최고의 프로그램 중 하나로 선정됐다.

웃음은 놀라울 정도로 치료 효과가 뛰어나다. 아이들이 서로 말다툼을 벌이거든 걸레나 키친 타월을 한 장씩 쥐여준 다음 유리를 사이에 두고 서로 마주 보고 청소하라고 시켜보자. 얼마나 화가 났건 유리 너머로 상대를 바라보기만 하면 곧장 말다툼은 깡그리 잊은 채 법석을 떨며 웃음을 터뜨릴 것이다.

한 의사는 잡지나 신문에서 배꼽 빠지게 웃는 사람을 찾는 습관이 있었다. 그는 그런 사진을 모조리 오려서 스크랩북에 모았다. 스크랩북이 가득 찰 때마다 의사는 병원 간호사들에게 병동 사람들을 보여주라며 스크랩북을 건네었다. 웃음이 환자와 간호사에게 미치는 영향은 놀라웠다.

인간은 웃어야 한다. 웃음이 터져서 포복절도할 때는 걱정이나 우울을 느낄 수 없다. 웃음은 인간의 몸과 마음에 좋은 영향을 준다고 알려져 있다. 인간은 지구상에서 웃음을 터뜨릴 수 있는 유일한 존재다. 물론 웃음이 필요할 정도로 많은 문제를 안고 사는 유일한 존재이기도 하다.

회사 생활이 유달리 힘든 날이면 모자를 거꾸로 쓰고 집에 들어오는 남편에 관한 이야기를 읽은 적이 있다. 그의 아내는 힘든 하루를 보낸 날이면 앞치마를 거꾸로 입었다. 어느 쪽이건 부부의 이런 행동은 서로를 웃게 만들고 상황을 개선하는 데 도움이 됐다.

EARL NIGHTINGALE

비난의 무익함

다른 누군가를 비난할 때 우리는 스스로 상대보다 우위에 있다고 생각한다. 자신을 권위 있는 인물로 여기고 상대는 열등하다고 본다. 누군가를 비난하고 싶은 마음이 불쑥 들 때, 따라야 할 최고의 규칙은 '기다리는 것'이다.

다른 사람의 미움을 사고 오랫동안 사라지지 않을 분노와 악감정을 불러일으키는 방법을 몇 가지 소개해보겠다. 방법은 바로 비난하는 것이다!

무엇을 하건 어떻게 살건 사람은 누구도 비난받기를 원치 않으며 자신에게 비난이 필요하다고 느끼지도 않는다. 이것이 바로 범죄자가 증인, 검사, 판사에게 분노하는 이유다. 스스로 흉악 범죄를 저질 렀다는 사실을 잘 알고 있더라도 직접 자신을 비난하는 사람에게 깊 이 분노한다. 바람을 피운 기혼자가 상대가 내민 불륜의 증거에 상처 받고 자기 연민에 빠지는 경우도 많다.

범죄를 저지르거나 도덕적 해이에 빠진 사람을 비난해서는 안 된 다는 뜻이 아니다. 다만 비난받은 사람은 정당화하기 위해 애쓰게 되 고, 소중한 자존심에 상처를 입고, 자신이 중요한 사람이라는 생각이 흔들리게 되고, 비난을 가한 사람에게 깊이 분노하게 된다는 것을 이 야기하고자 할 뿐이다.

다른 누군가를 비난할 때 우리는 스스로 상대보다 우위에 있다고 생각한다. 자신을 권위 있는 인물로 여기고 상대는 열등하다고 본다. 누군가를 비난하고 싶은 마음이 불쑥 들 때, 따라야 할 최고의 규칙 은 '기다리는 것'이다. 비난받은 사람은 자연스럽게 방어적인 태도를 취한다. 누군가의 비난에도 가만히 있거나 고분고분하게 받아들이는 편이라 해도 마음속으로는 그 말을 담아둔다.

게임을 함께하던 중에 남편이 아내에게 "여보, 당신은 방금 아주 멍청한 짓을 했어"라고 이야기한다고 생각해보자. 물론 아내가 아무 말도 하지 않을 수도 있다. 하지만 그 순간에는 침묵을 지켰다 하더 라도 소총이 자기 손에 들어오는 기적이 생기기를 은밀하게 기도했 을 것이다. 함께 게임하던 다른 사람들도 몹시 당혹스러울 수밖에 없 다. 이런 말로 무엇을 얻겠는가? 고대 로마 정치인 유니우스 루스티 쿠스Junius Rusticus는 "다른 사람의 흠을 찾아 헤매는 이류 비평가는 자신의 현명함을 조금 불신해야 마땅하다"라고 적었다.

비난하고 싶은 마음이 불쑥 들 때, 비난을 쏟아내기 전에 잠깐 멈추어 서서 그렇게 행동한 이유를 생각해봐야 한다. 그뿐 아니라 다음과 같이 자문을 해봐도 좋다. "내게 다른 사람을 비난할 자격이 있을까? 내가 정말로 그렇게 위대하고 순수하고 모든 것을 알고 완벽할까?" 어쨌든 극도의 분노가 가라앉을 때까지 숨을 골라야 한다. 무작정 비난의 말을 내뱉기 전에 기다리는 것은 세상에서 가장 힘든 일 중 하나다. 또한 아주 성숙한 사람이 지혜와 자제력을 통달해야만 비난을 참을 수 있다. 하지만 비난을 참는 것은 스스로 위대해지는 한 방법이며 다른 사람의 존경과 사랑, 혹은 둘 중 하나를 얻는 데 효과적인 방법이다.

사람들은 자신이 잘못했거나 어리석은 행동을 하면 대개 상대방 역시 이를 눈치챘다는 사실을 깨닫는다. 그럴 때 모르는 척 넘어가준다면 상대방은 감사해하고 당신을 존경한다. 자신의 실수에도 상대가 비난하지 않는 모습을 지켜본 사람들은 대개 같은 실수를 저지르지 않도록 스스로 최선을 다한다. 뛰어난 사람에게 관심이 쏟아지게 만드는 것이 비난의 목적이라는 말이 있다. 사악한 자는 직접 파멸을 초래할 테고 불완전한 자는 지금 얼마나 잘나가든 상관없이 결국 외면당할 것이다.

그리스 스토아학파를 대표하는 철학자 에픽테토스Epictetus는 "정의의 재판소에서 직접 심판받기 전에는 다른 재판소에서 형을 선고하지 말라"고 이야기했다. 다른 사람을 비난하고픈 욕구를 참아야 한다. 그 시간은 1분이 될 수도 있고, 한 시간 혹은 하루, 어쩌면 영원히 기다려야 할 수도 있다.

신생아에게 주어지는 세 가지 선물

매우 통찰력이 깊은 인터뷰 진행자 빌 브루어^{Bill Brewer}는 날카로운 첫 번째 질문으로 나의 허를 찔렀다. 브루어는 "신생아에게 세 가지 자질을 부여할 수 있다면 무엇을 택하겠습니까?"라고 물었다.

아침 일찍 이런 질문을 받고 허를 찔리면 어떤 기분이 들 것 같은가? 만약 당신이라면 어떤 답을 할 텐가? 나는 머릿속에 이 질문을 떠올린 다음 내 아이들을 떠올렸다. 그러고선 아이에게 먼저 모든 것에 대한 강렬한 호기심, 즉 지식을 갈망하는 마음을 부여하겠다고 답했다. 그리고 지구와 지구에서 살아가는 모든 존재를 사랑하는 마음을 부여하고 싶다. 마지막으로 평생 자신이 배운 것을 다른 사람들에게 잘 전할 수 있도록 뛰어난 의사소통 능력을 부여하고 싶다.

인터뷰가 끝난 후 아침을 먹으며 브루어의 질문을 좀 더 곱씹어보았다. 그럼에도 내 대답은 변함이 없었다. 당신은 어떤가? 당신은 아이에게 어떤 세 가지 재능을 주고 싶은가? 자녀가 아직 어리거나 태어나기 전이라면, 당신이 무엇을 원하건 그 재능을 자녀에게 물려줄 수 있다.

배우고자 하는 열정적인 사람은 지루해할 새가 없고 무언가를 성취해도 그 자리에서 멈추지 않는다. 많이 배울수록 더 다양한 일을 할 수 있으며, 모험을 무릅쓸수록 더 다양하게 배울 수 있다. 이것이 바로 자생적인 힘으로 끝없이 움직이는 상태다. 그뿐 아니라 학습에 대한 열정이 뜨거우면 유머감각도 풍부해진다. 더 많이 배울수록 우리를 속박하는 답답한 신조나 침울하고 무서운 위협을 가뿐히 통과할 가능성이 커지기 때문이다. 지식은 곧 기쁨과 웃음으로 이어지는 자유를 선물한다. 그리스 역사가 투키디데스Thucydides는 이렇게 이야기했다. "행복의 비결은 자유다. 그리고 자유의 비결은 용기다."

지구와 지구상의 모든 생명체에 대한 사랑이 있으면 도움이 필요한 모든 것 혹은 모든 사람에게 깊은 동정심을 느낄 것이다. 인간은 어디에서건 고통을 완화하고 개인적인 자유를 얻기 위해 무엇이든 한다. 인간은 타고난 환경 옹호론자이지만 환경은 돌보고 보호해야 할 대상일 뿐 아니라 훼손되지 않는 선에서 활용하고 누려야 한다는 사실도 알고 있다.

그리고 성숙한 인간일수록 다양한 방식으로 다른 사람들이 우리를 둘러싼 세상의 경이로움과 기쁨, 문제점을 볼 수 있도록 돕는다. 배우고, 사랑하고, 소통하는 것은 좋은 일이다. 평생 호기심과 사랑을 잃지 않고 여기 지구에서의 삶을 영위해야 한다.

이와 같은 세 가지 자질을 갖춘 사람은 지구 곳곳을 여행하며, 우리가 집이라고 부르는 은하계의 작은 모래알과 지구에서 살아가는 모든 사람 및 생명체를 좀 더 잘 이해할 것이다.

성공은 지금, 여기에서 시작된다

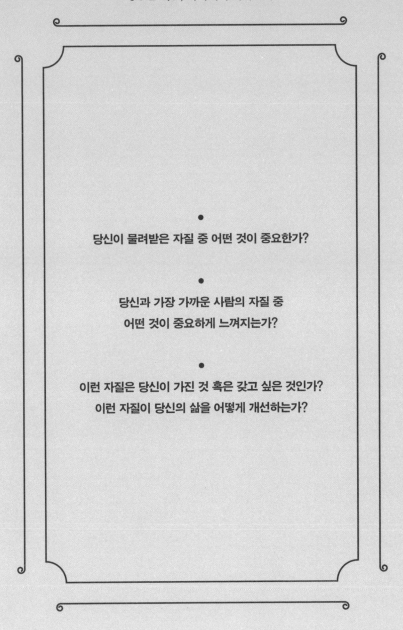

당신이 물려받은 자질 중 어떤 것이 중요한가?

당신과 가장 가까운 사람의 자질 중
어떤 것이 중요하게 느껴지는가?

이런 자질은 당신이 가진 것 혹은 갖고 싶은 것인가?
이런 자질이 당신의 삶을 어떻게 개선하는가?

CHAPTER 8

인생의 교훈

나비 이야기

미국 작가 헨리 밀러Henry Miller는 인도의 한 어린 소년에 관한 글을 쓴 적이 있다. 가만히 앉아서 손에 있는 무언가를 바라보는 인도의 현자에게 한 소년이 다가갔다. 소년은 현자의 손을 쳐다보았다. 하지만 무엇인지 도무지 알 수 없었다. 소년이 물었다. "그게 뭔가요?"

현자가 답했다. "고치란다. 이 안에 나비가 있지. 조금만 기다리면 고치가 갈라져 나비가 나올 거야."

소년이 물었다. "제가 가져도 되나요?"

현자는 답했다. "물론이지. 단 고치가 갈라지고 나비가 고치 밖으로 나오려고 날개를 퍼덕일 때 절대로 고치를 쪼개서 나비를 도와서는 안 된단다. 약속하렴. 나비가 스스로 나오도록 내버려둬야 해."

그러겠다고 약속한 소년은 고치를 들고 집으로 돌아가 가만히 앉아 지켜보았다. 마침내 고치가 떨리고 움직이기 시작하더니 이내 갈라졌다. 고치 안에는 아름답고 축축한 나비가 한 마리 있었다. 나비는 고치 밖으로 나가기 위해 기를 쓰고 날갯짓을 했지만 버거워 보였다. 소년은 나비를 돕고 싶은 마음이 간절했다. 소년은 결국 현자와의 약속을 어기고 말았다. 고치를 열어젖히자 나비가 밖으로 날아올랐다. 하지만 나비는 고치 밖으로 솟구쳐 오르자마자 바닥으로 떨어지더니 죽어버렸다. 소년은 눈물을 흘리며 죽은 나비를 들고 현자를 찾아갔다.

현자가 입을 열었다. "어린 소년이여. 네가 고치를 열었구나. 그렇지 않니?"

"네, 그렇습니다." 어린 소년이 답했다.

그러자 현자가 말했다. "이 상황이 이해되지 않는 모양이구나. 나비는 날개를 고치에 부딪혀가며 힘겹게 날갯짓을 해 고치 밖으로 나와야만 날개가 튼튼해진단다. 근육이 생기는 것이지. 네가 나비를 돕는 바람에 나비는 날개를 튼튼하게 만들 기회를 놓쳐버렸지. 그래서 바닥에 떨어져 죽은 거란다."

자녀를 둔 부모라면 이 이야기를 반드시 기억해야 한다. 자녀가 충분히 자랐다면 자녀에게 이 이야기를 들려주면 좋겠다. 아이가 장난감을 찾거나 잡으려고 최선을 다하도록 내버려두지 않고 곧장 쥐여주고, 모든 변덕을 맞춰주고, 정말로 필요로 하거나 갈망하기도 전에 이 세상의 반짝이고 아름다운 것들을 잔뜩 건네주고, 교육보다는 점수의 중요성을 이야기하면 자녀들은 날개를 퍼덕이며 날아올라야 할 순간을 위해 열심히 근육을 단련할 기회를 빼앗긴다.

가혹하거나 잔인하게 보이는 것이 실제로는 앞으로 다가올 시간을 위한 지혜이자 친절일 때가 많다.

우리가 가장 많은 빚을 진 사람

앞으로 더욱 멋진 사람으로 발전할 토대인 지금의 모습을 갖추게 해 준 사람들에게 가장 큰 빚을 지고 있다는 글을 읽은 기억이 난다. 어떤 변변찮은 지식이건 우리가 이를 습득할 수 있었던 것은 우리보다 앞서 살았던 사람들의 지식과 생각, 아이디어 덕분이다. 우리는 이것들을 발판 삼아 발전해왔다.

앞으로 나아가기 위한 움직임이 단 한 번도 멈추지 않고 계속 이어진 것은 아니다. 돌아보면 인류의 역사에서 수백 년 동안 불빛이 거의 사라진 암흑기가 여러 번 있었고 또다시 그런 때가 생길 수도 있다. 하지만 우리는 나날이 늘어나는 인류의 지식 보고에 새로운 정보를 추가한 지칠 줄 모르는 사상가들과 연구자들에게 헤아릴 수 없이 많은 빚을 지고 있다.

이렇게 이야기하는 사람도 있다. "왜 귀찮게 계속 교육을 받고 공부를 하지? 결국은 무덤에 갖고 가게 될 뿐인데. 왜 그렇게 많이 배우고 노력해야 하는 거지?" 이것은 잘못된 생각이다. 우리는 지식을 무덤에 가지고 가지 않는다. 지식을 새롭고 좀 더 계몽된 형태로 물려주는 것이다. 우리 뒤를 따를 후손들이 걸어갈 길을 밝히는 반짝이는 아이디어를 물려주기도 한다.

물론 인간이 이런 고귀한 목적을 위해 공부하는 것은 아니다. 공부는 호기심 때문에 하는 것이다. 무언가를 알고 싶어 하는 것, 다시 말해서 짧은 인생을 살아가면서 가능한 한 많이 이해하고 싶은 것이 인간의 본성이다. 새로운 정보를 발견하는 것은 신나는 일이다. 지식을 갈구하는 사람에게 새로운 정보는 숨어 있는 금광과 같다. 새로운 정보를 찾아낸 사람은 모자를 던지며 기쁨에 겨워 춤을 추고 싶어 한다. 자신이 찾아낸 정보를 가족, 제자, 독자에게 전달하며 "내가 뭘 찾아냈는지 한번 보세요!"라고 소리친다. 이런 과정을 통해 다른 사람들 역시 새로운 정보를 얻게 된다. 그들 역시 그 정보를 즐기고 활용하며 자신의 차례가 되면 다른 사람에게 전달한다.

정보를 전달받은 사람 중 누군가가 새로운 지식을 받아들인 다음 직소 퍼즐 조각처럼 좀 더 큰 그림에 끼워 넣으면 그 정보가 완전히 새로운 아이디어로 이어진다. 다시 말해서, 그 정보가 없었다면 불완전하거나 아예 생겨날 수조차 없었을 법한 아이디어가 등장하는 것이다. 이렇게 생겨난 아이디어는 또 다른 아이디어를 탄생시키고, 이런 과정이 반복되면서 새로운 그림, 좀 더 큰 그림이 계속 등장한다.

이따금 문제가 생기기도 한다. 좋은 의도로 탄생한 아이디어가 항상 선한 것만은 아니다. 알프레드 노벨Alfred Nobel이 발명한 다이너마이트는 건설업계에 커다란 도움을 준 동시에 전쟁을 더욱 요란하게 만들기도 했다.

새가 날개를 단련하듯 인간 역시 적대적인 환경에서 살아남기 위해 생각을 발전시켰다. 야만적인 짐승으로 가득한 세상에서 실제보다 더욱 무시무시하게 무장한 채 경쟁에서 살아남아야 하는 약하고 공격받기 쉬운 존재가 우리 인간이다. 인간은 뇌를 뒤덮는 얇은 회백질층인 대뇌 피질로 관심을 돌렸고, 대뇌 피질은 반응을 보였다. 대뇌 피질이 정말 놀라운 반응을 보인 덕에 우리는 달을 향해 날아가는 우주 왕복선 시스템을 구축하고 태양의 힘과 열을 활용할 수 있게 됐다. 인간의 대뇌 피질은 여전히 반응을 보이며 매일같이 좀 더 복잡해진다.

인간의 마음을 체계적으로 탐사했을 때 얼마나 많은 재미와 이윤을 얻을 수 있는지 깨닫는다면 사람들은 대개 하루에 한 시간쯤은 자신의 마음을 들여다보려 애쓸 것이다. 어쩌면 그보다 더 많은 시간을 할애할지도 모른다. 하지만 대부분은 이런 사실을 알기는커녕 거의 생각하지도 않는다.

모든 것을 깨달은 후

습관과 태도, 일상이라는 감옥에 갇히지 않는 사람은 활력을 잃지 않는다. 우리는 자신만의 감옥에서 스스로를 감시하는 교도소장이다. 하지만 직접 감옥을 만들었다면 스스로 이를 허물 수도 있다. 배울 마음만 먹는다면 기회는 어디에든 있다.

미국 정치인 존 W. 가드너^{John W. Gardner}는 버지니아 댄빌에 사는 더글러스 스토벌^{Douglas Stovall}이 쓴 짧은 글의 복사본이 담긴 편지 한 통을 받았다. 한 번도 본 적이 없는 글이었다. 그 글의 제목은 "모든 것을 깨달은 후에 배우는 것들^{The Things You Learn after You Know It All}"이었다. 그의 글은 훌륭했다. 가드너는 이렇게 적었다.

"이 남자의 미래에 베팅하겠습니까? 그는 쉰세 살입니다. 성인이 된 후에는 줄곧 빚과 불운 때문에 힘들게 살았습니다. 전쟁에서 입은 부상으로 왼손을 잃었습니다. 여러 직업을 전전했지만 단 한 번도 성공하지 못했고 감옥에도 자주 들락거렸습니다. 지루함, 경제적 이익을 얻으리라는 희망, 창조적인 충동 등 그를 이끈 동기가 무엇인지는 아무도 모르지만 그는 책을 쓰기로 다짐합니다. 그가 발표한 책은 350년 이상 전 세계를 매료시키게 됩니다. 한때 죄수였던 그의 이름은 미겔 데 세르반테스^{Miguel de Cervantes}이고 그가 쓴 책 제목은 《돈키호테》입니다."

이 이야기는 흥미로운 질문을 던진다.

"어떤 사람은 생이 끝날 때까지 새로운 활력과 창의력을 발견하는 반면 어떤 사람은 열정을 잃어버린 채 오랫동안 시들어가는 이유가 무엇일까요?"

주위를 돌아보면 인생의 중간 지점에 도달하기도 전에 활력을 잃어버린 사람을 쉽게 발견할 수 있다. 세월이 흐르면서 점차 태도와 생각이 굳어지고 고집이 세지며 더는 배우거나 성장하려 들지 않는 사람 말이다. 사실 대부분의 사람은 계속해서 인생의 범위와 다양성을 좁혀 나간다. 우리는 각자의 전문 분야에서 성공한 다음 그 속에 갇혀버린다. 그 어떤 것을 보고도 놀라지 않고 경이와 모험심을 잃어버린다.

하지만 이런 위험을 깨달으면 문제를 해결할 수 있다. 정체를 경계하고 공부는 젊을 때나 하는 것이라는 근거 없는 믿음을 거부해야 한다. 이것이 바로 '중요한 것을 모두 깨달은 후에 배우는 것'이다.

성공과 실패를 거듭하며 평생 끝없이 교훈을 얻어야 한다. 곤경에 처하거든 "이런 시련에서 무엇을 배울 수 있을까?"라고 질문해보자. 교훈이 항상 기분 좋기만 한 것은 아니다. 에머슨은 이렇게 적었다. "힘든 시기에도 과학적인 가치가 있다. 배울 자세가 돼 있는 사람은 힘든 시간을 겪으면서도 훌륭한 교훈을 얻는다."

습관과 태도, 일상이라는 감옥에 갇히지 않는 사람은 활력을 잃지 않는다. 우리는 자신만의 감옥에서 스스로를 감시하는 교도소장이다. 직접 감옥을 만들었다면 스스로 이를 허물 수도 있다. 배울 마음만 먹는다면 기회는 어디에든 존재한다. 일이나 친구, 가족에게서도 배울 수 있다. 인생의 의무를 받아들이고, 고통을 감내하고, 위험을 감수하고, 사랑하고, 인생의 굴욕을 위엄 있게 견뎌냄으로써 배운다.

어른이 돼서 배운 것은 정보나 기술과 무관한 때가 많다. 바꿀 수 없는 것을 받아들이는 법을 배우고, 자기 연민에 빠지지 않는 법을 배우고, 불안감에 사로잡혀 에너지를 소모하지 않는 법을 배운다. 대부분의 사람은 당신을 좋아하지도 싫어하지도 않으며, 그저 자신에 대해 생각할 뿐이라는 사실을 배운다. 또한 아무리 애써도 절대로 당신을 사랑하지 않는 사람이 있다는 사실도 배운다. 끝까지 당신을 받아들이지 않는 사람이 있다는 사실이 처음에는 불편하겠지만 결국에는 이를 인정하는 날이 올 것이다.

반드시 지켜야 할 의무 중에는 자신과의 약속도 있다. 대개 나이가 들수록 스스로를 기만하게 되기 때문에 지혜의 출발점인 자기 이해

능력이 점차 줄어든다. 중년쯤 되면 대개 자신의 본모습에서 멀리 달아난 도망자 신세가 된다. 하지만 자신에게 거짓말하지 않는 법을 배워두면 제 삶의 주인으로 설 수 있다.

당신이 배운 가장 가치 있는 교훈 중 하나는 결국 당신을 책임져야 할 사람이 바로 자신이라는 것이다. 다른 사람이나 주변 상황을 비난해서는 안 된다. 책임을 회피해서도 안 된다. 계속 새로운 것을 배워나가면 강력한 동기와 열정이 당신의 가장 확실한 조력자가 될 것이다.

좋아하는 일을 하라

오래전, 금융 회사에서 일하는 어느 중역은 몇 년 동안이나 성공적으로 업무를 수행했지만 결국 자신의 일이 마음에 들지 않는다고 결론 내렸다. 그저 똑똑하고 근면했기에 금융 회사에서 성공할 수 있었던 것이지 금융업 자체를 꿈꾸지는 않았다.

원래 조류에 관심이 많던 그는 사실 조류 전문가가 되고 싶었다. 그래서 시간이 날 때마다 조류 연구에 매진했다. 새와 관련된 책도 모두 섭렵했다. 꾸준히 조류를 연구한 끝에 그는 머지않아 조류에 관한 책을 집필하고 박물관의 조류 전시를 돕기에 이르렀다. 그가 바로 프랭크 채프먼Frank Chapman 박사다. 채프먼은 미국 자연사박물관의 조류 담당 큐레이터가 됐다. 채프먼은 자신이 원하던 그 일을 진심으로 즐겼다. 수년 동안 열심히 일한 후 삶에 새로운 방향과 의미, 행복을 주는 결정을 내렸다.

이 이야기의 요점은 정말로 좋아하는 일을 시작하기에 너무 늦었을 때란 거의 없다는 것이다. 예순다섯에 연금을 보장받고 은퇴한 사람이 원래 꿈꾸었던 분야에서 다시 시작하는 사례는 수없이 많다. 이들은 이전에 근무했던 회사에서 40년 동안 성취한 것보다 자신이 좋아하는 분야에서 단 5년 만에 더 많은 것을 이뤄냈다.

자신의 일을 그다지 좋아하지 않는 분들에게 몇 가지 조언을 드리고 싶다. 첫째, 정말로 좋아하는 일을 찾아야 한다. 목표를 정하고 마음속에서 시각화해야 한다. 무엇을 원하는지, 어떤 사람이 되고 싶은지 머릿속으로 그려보자.

다음 단계는 사실 관계를 확인하는 것이다. 직접 결정하고 시각화한 목표를 달성하려면 필요한 모든 사실 관계를 확인해야 한다. 정보가 많을수록 더 좋다.

그런 다음에는 이런 사실을 분석하고, 평가하고, 분류해야 하며, 성취의 중요도에 따라 논리적인 순서로 정리해야 한다. 예를 들어 뇌를 전문으로 다루는 외과의가 되고 싶다면 단순히 머리뼈를 열어보기만 해서는 안 된다. 대입을 준비해야 하고, 전문의 과정을 거쳐야 한다. 또한 실용적인 목표를 세우도록 주의해야 한다.

다음으로 할 일은 목표 달성을 위한 시간표를 작성하고 지키기 위해 노력하는 것이다. 다시 생각해보라는 다른 사람의 말에 휩쓸려 궤도를 이탈해서는 안 된다. 무엇이 자신에게 어울리는지 알아야 한다.

다음 단계는 시작하는 것이다! 그저 떠들어대기만 해서는 안 된다. 실제로 해야 한다! 무언가를 시작하기에 완벽한 타이밍은 없다는 사실을 이해하고 준비가 되면 바로 시작하자. 앞서 언급했듯이, 1루에서 발을 떼지 않으면 절대로 2루에 도달할 수 없다. 과감하게 1루를 떠나야 한다. 태그아웃당하면 나중에 다시 방망이를 휘두르면 된다.

전체적인 계획, 즉 앞으로 따를 명확한 청사진을 만든 다음 가끔 실제 진척 상황과 이를 비교해 얼마나 일이 잘 진행되고 있는지 확인해야 한다.

마지막 단계는 꾸준히 노력하는 것이다. 목표를 마음속에 굳게 새기고 그에 도달할 수 있다고 확신하면 언젠가는 이루게 된다. 채프먼 박사처럼 진심으로 좋아하는 일을 하며 행복하고 신나게 살게 될 것이다.

정말로 즐기는 일을 하며 살아가는 것보다 더 중요한 일이 있을까? 좋아하는 일을 하며 살아갈 수 있다는 사실을 알지 못한 채 인생을 낭비하는 사람이 많다. 부끄러운 일 아닌가?

CHAPTER 9

존재에 관한 생각

죽음을 일깨우는 것

고대 로마의 카이사르 시절, 카이사르의 머리 위로 월계관을 들고서 가끔 "너는 언젠가는 죽을 수밖에 없는 존재다"라고 말하는 것 외에 어떤 일도 하지 않는 사람이 있었다.

이 말을 하는 목적은 권력이 막강한 카이사르에게 그 역시 결국 한 인간에 불과하고, 따라서 유한한 존재라는 사실을 일깨우는 것이었다.

젊은 시절에는 인생이 끝없이 계속된다고 생각하는 경향이 있다. 시간은 미래로 무한히 뻗어 있다. 하지만 나이가 들수록, 심지어 활력과 호기심이 넘치고 활발하게 활동하는 시기여야 하는 40대, 즉 젊은 성숙기에도 이따금 죽음을 연상케 하는 작은 신호가 찾아온다. 갑자기 숨이 가쁠 때도 있고 정상 범위 내에서 가슴이 찌릿할 수도 있고 요동이 생길 수도 있다. 이럴 때마다 시간이 우리를 위해 멈춰 서지 않으며 아주 오래전 고대 로마를 호령했던 카이사르처럼 우리 역시 언젠가는 죽는 유한한 인간이라는 사실을 깨닫는다.

신경이 과민한 사람들은 이런 생각이 들 때마다 두려움에 사로잡혀 좀 더 깊은 우울에 빠져든다. 하지만 상당히 정상적이고 꽤 적응을 잘하는 사람들은 이 같은 생각이 들 때마다 남은 시간을 최대한 즐기라는 신호로 받아들인다. 다시 말해서, 토요일이나 생일, 크리스마스를 손꼽아 기다리기보다 매일, 매시간을 음미하고 즐겨야 한다는 신호로 여긴다. 우리는 아주 적절하게도 '시간을 죽이다'라는 표현을 사용한다. 시간을 죽이는 것은 우리의 일부를 죽이는 것과 다르지 않다. 시간이야말로 우리가 가진 전부이기 때문이다.

인간은 언젠가 죽을 수밖에 없는 운명인 만큼 좀 더 인내심을 갖고, 타인, 특히 사랑하는 사람들에게 좀 더 관대하게 굴어야 한다(혹은 이런 깨달음을 얻어야 마땅하다). 우리가 모든 사람을 사랑할 만큼 성숙했다는 것은 바로 이런 의미다. 또한 직감을 외면하지 않고 갑작스러운 충동, 특히 따뜻한 말 한마디, 격려의 말, 다정한 표현 등을 충실히 수행해야 한다. 우리 자신, 그리고 우리가 사랑하는 사람들은 인생의 여정을 떠나는 승객일 뿐이다. 사랑하는 이에게 당신과 이 생에 함께할 수 있어서 기쁘다는 사실을 알리자. 항상 그 여정이 즐겁지만은 않다면 감정을 꾸며 즐거운 척이라도 하자. 인생이라는 여정은 그리 길지 않다.

얼마 전에 신문을 읽다가 스케이트를 타는 일흔다섯 살 여성의 사진을 본 적이 있다. 그 사진을 보자 일흔다섯은 예순 살 이하에게나 많다고 느껴지는 나이임을 깨달았다. 일흔다섯에게 그 나이는 아직 즐길 만한 시기다. 어쩌면 100세 가까이 살 수도 있지만 그 전에 세상을 떠날지도 모른다. 어떤 경우든 한계는 분명하고, 거기에는 이유가 있다. 모든 것을 너무 심각하게 받아들이지 말고 조금 여유를 찾아보자. 어느 오랜 친구가 이렇게 말했다. "어차피 언젠가 죽는다면 그 무엇도 걱정할 필요가 없다!"

물론 말은 쉽지만 실제로 행동에 옮기기는 힘들다. 마당에 묘목을 심는 한 노인이 있었다. 이웃이 노인에게 인사를 건넨 후 말했다. "도대체 왜 저 나무를 심는 겁니까? 생전에 저 나무가 다 자라는 모습을 보시지도 못할 텐데요." 노인은 차분하게 나무를 계속 심으며 말했다. "당장 내일 죽을 계획이 아니라면 영원히 살 것처럼 행동해야 하네. 나는 우선 내일은 죽지 않고 살 생각이야."

이 세상의 현명한 사람들, 즉 정말로 성숙한 사람은 인생이 유한하다는 사실을 잘 알지만 이를 곱씹지 않는다. 대신에 가능한 한 인생이라는 여정의 하루하루를 최대한 즐기려고 노력한다.

출생과 죽음, 그 사이를 즐겨라

철학자 조지 산타야나^{George Santayana}는 이렇게 적었다. "출생과 죽음은 피할 수 없다. 그러니 그 사이를 즐겨라." 이런 깨달음은 한 사람의 인생을 통째로 뒤흔들 만큼 커다란 충격을 준다.

미래를 걱정하고 머릿속으로 과거의 실수를 곱씹느라 우리가 얼마나 많은 시간을 낭비하고 불행을 자초하는지 생각해본 적이 있는가?

이 세상을 살아가는 데 가장 훌륭한 비법 중 하나는 현재를 즐기는 것이다. 우리에게 주어진 유일한 시간이 바로 현재이기 때문이다. 현대의 이동 수단 덕에 거리가 더는 심각한 장애물이 아닌 반면에 시간은 여전히 정복할 수 없는 대상이다. 시간을 확장하거나 모으거나 저당잡거나 재촉하거나 지연시킬 수는 없다. 시간은 완전히 인간의 통제 범위 밖에 있다. 누구에게나 제한돼 있지만 사람들은 대개 시간이 무한한 것처럼 낭비한다.

통근 열차에 올라탄 사람은 지겨워하며 집에 도착할 때만 기다린다. 그런 다음에는 저녁 식사 시간만 기다리고, 그다음에는 잠자리에 들 시간이나 특정한 텔레비전 프로그램을 볼 시간만 바란다. 이와 같은 일련의 과정을 통해 현실보다 약간 뒤처진 상태로 시간을 보내며 앞으로 다가올 일만 기다린다. 물론 이렇게 살아도 계속 앞으로 나아갈 수 있지만 지금을 즐기는 법을 절대로, 어쩌면 거의 배우지 못한다. 현재를 즐기려면 삶을 제대로 인식해야 한다.

다시 말해서 자신이 현재 살아 있을 뿐 아니라 지금을 살아가는 사람들은 늘 너무도 흥미로운 존재인 만큼 그 소중한 사람들과 함께하는 시간을 지루해하거나 낭비해서는 안 된다.

어디로 나아갈지 잘 알고 있으면 힘닿는 데까지 가진 것을 모두 쏟아부을 수 있을 뿐 아니라 미래에 대해 걱정할 필요도 없다. 과거의 실수를 곱씹지 말라는 당부는 지구상에서 가장 쉬우면서도 가장 지키기 어려운 조언이다. 과거의 실수를 곱씹어봤자 완전히 쓸모없는 짓이라는 것을 알지만 그런데도 우리는 계속 같은 행동을 반복한다. 전문가들은 이 문제 역시 현재를 충실하게 살아가고 가능한 한 지금을 즐기면 해결된다고 이야기한다. 물론 그렇다고 해서 미래에 대한 계획을 세우지 말아야 한다는 뜻은 아니다. 미래에 대한 계획'도' 세워야 한다! 다만 일단 계획했다면 실현할 수 있도록 노력하되 마음 졸이고 초조해할 필요는 없다는 말이다.

우리 손에는 '오늘'밖에 없다. 어제는 영원히 사라져버렸고 지난 시간을 돌이키기는 불가능하다. 어디 그뿐인가? 내일은 절대로 오지 않는다. 오늘을 즐기지 못한다면 우리가 기다리는 미래 역시 결국 지금 마주하는 나날과 같아지리라는 사실을 기억하자.

불행한 기질을 타고난 사람은 결혼, 더 나은 일자리, 더 많은 돈 등 미래에 특정 사건이 갑자기 자신을 행복하게 해주리라고 믿는 경향이 있다. 절대로 그렇지 않다. 과거에서 벗어나지 못한 채 걱정에 사로잡혀 미래의 행복을 기대하고 있는가? 그렇다면 다음과 같이 자문해보자. "지금 내게 찾아온 하루하루를 어떻게 보내고 있는가? 나는 오늘을 어떻게 보내고 있는가?" 얼마나 많은 것을 가졌는지가 아니라 얼마나 즐기는지가 행복을 결정한다. 현재의 소중함과 가능성을 제대로 깨달아야 한다. 현재의 가치를 깨닫기 위해 꾸준히 노력하면 현재를 즐길 수 있다.

세계 최고의 선물

앞을 볼 수 있는 기적을 누리는 많은 사람이 주변을 제대로 보기까지 너무 오래 걸린다. 사랑하는 마음이 가져다주는 기쁨을 알아채는 능력을 타고난 많은 사람이 사랑을 표현하기까지 너무 오래 기다린다.

세상을 떠날 날이 가까워지고 있는 고령의 노인들과 인터뷰를 하면 "제대로 살기까지 너무 오래 기다렸다"는 말을 종종 듣게 된다.

고령의 응답자들이 내놓은 이 답 속에는 가장 충만하게 살았던 시절에조차 인생을 충분히 즐기지 못했다는 뜻이 내포돼 있다. 대부분의 사람들은 인생에서 가장 풍요롭고 충만한 시기에도 삶을 제대로 인식하지 못하고 충분히 즐기지 못하는 듯하다.

이는 가장 좋은 그릇과 은식기, 식탁보를 먼 미래 혹은 매우 특별한 때를 위해 아껴두었다가 한 번도 사용하지 못한 채 세상을 떠나는 사람과 다르지 않다. 혹은 자동차를 사자마자 좌석 커버를 덧씌워 기존 자동차의 커버는 단 한 번도 사용하지 못한 채 다른 사람에게 중고로 파는 것과 매한가지다.

앞을 볼 수 있는 기적을 누리는 많은 사람이 주변을 제대로 보기까지 너무 오래 걸린다. 사랑하는 마음이 가져다주는 기쁨을 알아채는 능력을 타고난 많은 사람이 사랑을 표현하기까지 너무 오래 기다린다. 이런 사람들은 소중한 하루하루, 손가락 사이로 흩어지는 풍요를 제대로 깨닫지도 못한 채 세월을 흘려보낸다.

일상생활의 소중함을 제대로 깨닫는 사람은 드문 것 같다. 사람들은 삶이라는 기적을 그저 기계적으로 보낸다. 이들은 매일 삶을 최대한 즐겨야 한다고 인식하기는커녕 자신이 그런 선물을 받았다는 사실 자체를 깨닫지도 못하고 삶에 대한 최소한의 개념도 정립하지도 못한 채 살아간다.

재능이 대단한 한 유명한 연예인이 네 번째인지 다섯 번째인지 모를 결혼 소식을 발표하며 이렇게 이야기했다. "오랜 세월이 흐른 후 마침내 진정한 행복을 찾으려고 합니다." 그녀는 그동안 누렸어야 마땅한 무언가를 새 남편이 어떻게든 찾아주리라 생각했다. 그녀는 행복이 무엇인지, 어디에서 행복을 찾을 수 있는지, 산다는 것이 무엇인지 전혀 알지 못하는 것이 틀림없었다. 이는 비단 이 연예인에게만 해당되는 말은 아니다. 사람들은 대개 목숨을 위협받는 순간이 돼서야 삶의 가치를 깨닫기 시작한다.

한 남자가 수개월 동안 납치를 계획했다. 그의 마음은 머지않아 손에 넣게 될 수백만 달러의 몸값에 대한 생각으로 가득했다. 계획을 세울 당시 그는 자신이 받게 될 몸값이 세상 그 무엇보다 중요하다고 생각했다. 하지만 경찰의 기습을 받았고, 남자는 몸값이 담긴 가방을 내던지고 필사적으로 달아났다. 이 어리석고 멍청한 유괴범은 갑작스럽게 목숨의 위협을 받고 나서야 잘못된 행동을 고쳤다.

놀랍지 않은가? 사람들은 대개 세계 최고의 선물인 삶 그 자체는 내동댕이친 채 인생에서 가장 값싼 것들에 가치를 매긴다.

세상에서 가장 운이 좋은 사람은 마땅히 가치 있게 여겨야 할 것들에 집중하는 사람, 즉 삶을 제대로 인식하는 지혜로운 사람이다.

오늘이 곧 삶이다

4,500여 년 전, 세상에서 가장 고무적인 생각 중 하나가 산스크리트어로 남겨졌다. 그 내용은 이렇다. "오늘 하루를 제대로 살아야 한다. 오늘이 곧 삶이기 때문이다. 오늘 하루라는 짧은 시간 속에 자랑스러운 성장, 영광스러운 행동, 빛나는 아름다움 등 나라는 존재를 둘러싼 진리와 현실이 모두 담겨 있다. 이 모든 것이 오늘 하루에 있다. 어제는 꿈에 불과하고 내일은 환상일 뿐이다. 하지만 매일매일 제대로 살아내면 어제는 행복의 꿈이 되고 내일은 희망으로 가득한 환상이 된다. 그러니 오늘 하루를 제대로 살아야 한다. 오늘이 곧 삶이기 때문이다."

오래전부터 전해 내려오는 진리를 염두에 두면 이상적이고 매우 성공적인 삶을 살 수 있다. 이런 원리는 학생, 교사, 사업가, 노동자(어떤 일을 하건), 주부, 정치인, 성직자 등 각계각층의 모든 사람에게 적용된다.

매일 아침 단골 이발소에 들러 30분을 머무르는 사업가가 있었다. 그는 면도나 이발을 위해서가 아니라 그저 뜨거운 수건을 얼굴에 올린 채 이발소 의자에 편안하게 누워 있었다. 그는 왜 매일 아침 그 의자에서 시간을 보내는 것일까? 마음이 편안해지고 느긋해져서만은 아니었다. 그 시간 동안에는 그 누구도 사업가를 알아보거나 말을 걸지 않았기 때문이다. 사업가는 30분 동안 그곳에서 마음을 가다듬고 하루를 맞이할 정신적인 준비를 마친다. 정말 좋은 아이디어다. 하지만 조용히 앉아 산스크리트어로 쓰인 위대한 지혜가 담긴 저 글귀를 천천히 읽어도 거의 같은 효과를 얻을 수 있다.

"오늘 하루를 제대로 살아야 한다. 오늘이 곧 삶이기 때문이다." 이 말은 진리다.

오늘, 그리고 바로 지금이 지구상에서 살아가는 모든 사람에게 주어진 삶의 전부다. 물론 미래를 생각하고 그에 대한 계획을 세울 수 있다. 하지만 오늘을 살아가고 즐기기를 포기하는 것은 언젠가 갖고 싶은 것을 위해 지금 내게 주어진 것을 포기하는 행동이나 다름없다.

매일 새로운 하루가 시작될 때 이 글귀를 읽고 그에 대해 생각하면 우리 삶의 진실과 현실, 그 자체가 하나의 기적이라는 점을 스스로 일깨울 수 있다. 그뿐 아니라 한 인간으로서 더 성장하고, 사소하고 하찮은 문제를 초월하고, 좀 더 강하고 평온해질 수 있다. 또한 목표와 인간으로서의 성취에 한 걸음 더 가까워지고 주변의 아름다움을 깨닫도록 스스로를 일깨울 수 있다.

이 글귀가 세월의 시험을 잘 견뎌내고 4,500년 넘게 살아남았다는 것이 곧 이 글귀의 위대함과 그 속에 담긴 진리를 뒷받침하는 증거다. 이 이야기는 이름 모를 누군가의 마음속에 처음 떠오른 그 날부터 지금까지 큰 의미가 있다. 그뿐 아니라 지금부터 4,500년 후에도 생각이 깨어 있는 사람들에게 매우 중요한 의미를 제공할 것이다. 참된 진실은 산처럼 영원하고 바다처럼 영구적이기 때문이다.

다른 사람처럼 되고 싶다는 바람

인간이 자기 자신을 찾는 순간, 남을 모방하고 부러워하기를 멈추는 순간, 그의 본능이 이렇게 이야기한다. "바로 이거야. 마침내 너의 길을 찾았군!"

에머슨은 이렇게 적었다. "누구나 교육을 받다 보면 질투는 무지의 산물이며, 모방은 자살이고, 좋든 나쁘든 자기 자신을 있는 그대로 받아들여야 한다는 확신에 이르게 될 때가 있다. 이 넓은 우주가 제아무리 좋은 것으로 가득하다고 한들 경작하기 위해 주어진 땅을 피땀 흘려 일구지 않으면 옥수수 한 알조차 얻을 수 없다. 우리 안에 감춰진 힘은 본질적으로 새로울 수밖에 없다. 자신이 무엇을 할 수 있는지 아는 사람은 자신뿐이며, 직접 시도해보기 전까지는 어떤 능력이 있는지 자신조차 알 수 없다···. 자신을 믿어라. 어떤 마음이든 그 강인한 현에 맞춰서 울리게 돼 있다."

매일 아침 떠올려야 하는 조언이 있다. 다른 사람처럼 되겠다는 불가능한 일을 해내기 위해 매일 불안하고, 초조하고, 불행한 삶을 사는 사람이 얼마나 많은지 가늠조차 하기 힘들다. 이들은 "질투는 무지의 산물이며, 모방은 자살"이라는 에머슨의 말에 담긴 진리를 깨닫지 못한 것이다. 에머슨의 '자살'이라는 표현은 다른 사람처럼 되려고 시도할 때마다 우리가 타고난 것을 죽여야 한다는 의미다.

우리 안에 감춰진 힘은 본질적으로 새로울 수밖에 없고, 이전에는 이런 힘이 이 세상에 나타난 적이 없으며, 이 힘의 존재를 인지하고 스스로 키울 수 있게 되면 다른 사람을 부러워하거나 모방할 필요가 없다.

질투는 무지의 산물이다. 질투한다는 것은 곧 자신의 힘과 능력, 타고난 재능을 모른다는 뜻이기 때문이다. 질투심으로 가득한 사람은 위대함에 이르기 위해 자신의 내면을 돌아보지 못하고 다른 사람의 삶 속에서 위대해지는 방법을 찾으려 든다. 오직 남을 따라하는 데만 급급한 사람은 자신이 부러워하는 사람처럼 될 수 없다는 깨달음이 밀려올 때 자아가 위축될 수밖에 없다. 타인과 완전히 똑같이 될 수 없기 때문에 그의 바람은 결국 실패한다. 자신이 부러워하는 사람과 자신은 다르다는 사실을 이해하지 못한다면 이 단순한 진리가 실패의 원인이라는 사실을 깨닫지 못한다. 그뿐 아니라 내면에 있는 힘을 잘 활용하면 이 세상에 존재하는 그 누구보다도 성공할 수 있다는 사실도 이해하지 못한다.

바로 이런 이유로 자녀에게 "너는 왜 쟤처럼 하지 않니? 쟤를 좀 봐"라고 말하는 부모는 완전히 틀렸다. 이 부모는 아이가 자신이 비교하는 대상과 똑같아지는 것이 불가능하다는 사실을 이해하지 못한다.

현명한 부모는 이렇게 이야기할 것이다. "저 아이는 자신의 강점을 찾아서 발전시키고 있어. 너도 너만의 강점을 찾아야 한다. 그런 다음 충분히 발전시키면 돼."

이런 깨달음이 위대한 말로 이어진다. "자신을 믿어라. 어떤 마음이든 강인한 현에 맞춰서 울리게 돼 있다." 인간이 자기 자신을 찾는 순간, 남을 모방하고 부러워하기를 멈추는 순간, 그의 본능이 이렇게 이야기한다. "바로 이거야. 마침내 너의 길을 찾았군!"

누구나 타고난 자신만의 강점이 존재한다. 자신에게 주어진 경작지를 찾아 발전시켜 나가야 한다.

EARL NIGHTINGALE

정체성의 덫

본성은 당신을 행복하게 만든다. 본성은 자신만의 고유한 것이다. 다른 사람을 행복하게 만들어 자신의 행복을 찾으려고 애쓰면 정체성의 덫 속에 거꾸로 처박히게 된다. 해리 브라운^{Harry Browne}은 저서《자유가 없는 세상에서 자유를 찾는 법^{How I Found Freedom in an Unfree World}》에서 다음과 같이 이야기한다.

브라운은 두 가지 정체성의 덫이 있다고 말한다. 한 가지는 자기 자신이 아닌 다른 누군가가 돼야 한다는 믿음이고, 다른 한 가지는 남들도 자신과 같은 방식으로 일하리라는 가정이다. 이 두 가지 기본 덫을 기반으로 다양한 형태의 변형된 덫이 있다. 첫 번째 덫에 빠지면 자신의 욕구, 감정, 목표를 고려하지 않은 채 정형화되고 미리 결정된 방식으로 살게 돼 결국 자유를 잃는다.

두 번째 덫은 좀 더 미묘하지만 첫 번째만큼이나 자유에 걸림돌이 된다. 다른 누군가가 당신과 같은 아이디어, 태도, 기분이라고 기대하는 것은 상대가 자신의 본성과 맞지 않는 방식으로 행동하기를 바라는 것이나 다름없다. 결국 상대에게 없는 능력을 해낼 것이라는 바람을 품는 셈이다.

행복해지려면 무엇을 '해야 하는지', 혹은 무엇이 '틀림없이' 당신을 행복하게 만드는지 다른 사람들이 의견을 제시할 수도 있다. 하지만 이런 제안은 대개 틀릴 가능성이 크다. 당신이 누구인지, 무엇이 당신을 행복하게 하는지, 무엇을 할 수 있는지, 무엇을 하고 싶은지 스스로 결정해야 한다. 물론 다른 사람의 제안을 열린 마음으로 들어야 하지만, 최종 결정을 내릴 권한까지 넘겨주어서는 안 된다. 스스로 결론을 내려야만 행복을 얻을 수 있다.

결정할 권한을 다른 사람에게 넘길 때, 아무런 의심 없이 당신의 행동과 생각을 정의하는 규정에 따라 살아갈 때 정체성의 덫에 갇히게 된다.

브라운은 다른 사람들의 기대 때문에 관심을 가지려고 노력하거나, 다른 사람의 말 때문에 무언가를 달성하려고 애쓰거나, 정당하고 타당한 이미지라는 이유로 그에 맞게 살려고 할 때 정체성의 덫에 갇히게 된다고 이야기한다.

다른 사람에게 당신을 정의하고 강요할 권한을 허락하면 정체성의 덫에 빠진다. 예를 들면, 이른바 '좋은 부모'에 대한 통념 때문에 학부

모회에 참석하거나 '훌륭한 자식'의 의무 때문에 매주 일요일 부모님 댁을 방문하거나 '좋은 아내'는 남편의 사회생활을 우선시해야 한다는 통념을 이유로 자기 경력을 포기하는 것이다.

시민 의식을 증명하기 위해 생태학에 관심이 있는 체하거나, 이기적이지 않아 보이려 가난한 사람들에게 무언가를 나눠주거나 지적인 사람처럼 보이기 위해 따분한 과목을 공부하는 것도 정체성의 덫에 빠졌다고 볼 수 있다.

또한 성공을 증명하기 위해 값비싼 차를 구입하거나, 친구들이 국산 차를 싫어한다는 이유로 소형 외제차를 구입하고, 점잖음을 보여주기 위해 매일 면도하거나 사회의 요구에 순응하지 않는다는 사실을 증명하기 머리를 기르는 등의 태도는 결국 결정할 권한을 남에게 주는 것이나 다름없다. 통념과 어긋난다는 이유로 욕망을 억압하거나 남들이 웃는다는 이유로 재미있는 척하거나 다들 그렇게 사니 다른 방법이 없다는 이유로 특정한 삶에 만족한다면 결국 자아를 부정하는 것이다.

사고력의 힘

지구상에 존재하는 대부분의 생명체는 보호색으로 자신의 존재를 숨기는 능력을 타고난다. 실제로 은폐가 필요한 모든 생명체는 주변 자연환경에 너무도 잘 섞여 들어 움직이지 않고 가만히 있으면 사실상 적이나 사냥감의 눈에 잘 띄지 않는다. 이런 생명체들은 오랜 세월 동안 진화해 환경에 순응했다. 다시 말해서 자연환경의 겉모습을 그대로 복제했다.

인간은 어떤가? 신체적인 능력만 따져본다면 인간은 모든 생명체 중 가장 약한 존재다. 체중은 표범의 4분의 1에 불과하고 눈에 보이지도 않는 세균이나 바이러스 역시 얼마든지 인간을 죽일 수 있다. 인간은 그 어떤 보호색으로도 위장할 수 없기 때문에 어디서든 쉽게 눈에 띈다. 인간을 사냥하기로 마음먹은 동물에게서 벗어날 수 있을 만큼 빨리 달리는 것도 불가능하다. 어디 그뿐인가? 아주 멀리 수영을 할 수도 없다. 인간에게는 발톱도 없고 날카로운 이빨도 없으며 나무에 오를 수도 없다. 인간은 시력도 좋지 않고 달아나는 강아지조차 따라잡을 수 없다.

하지만 인간에게는 지구상에서 가장 훌륭한 재능이 있다. 바로 생각하는 능력, 사고력이다! 이 능력이 있기 때문에 주변과 동화될 필요 없이 환경을 자신에게 맞게 변화시킬 수 있다. 사실 색깔 패턴만 보면 그 동물이 어떤 나라에서 왔는지 구분할 수 있듯이, 주변 환경만 살펴보면 그 사람을 알 수 있다. 동물이 주변 환경에 맞춰나가듯 환경이 인간에게 맞춰나가기 때문이다.

지구상의 모든 생명체 중 오직 인간만이 가진 이 능력을 얼마나 잘 활용하는가에 따라 어떤 환경에서 살아갈지 결정된다.

인간은 자신을 변화시킴으로써 주변 환경도 변화시킨다. 이 같은 사실 때문에 인간이 이 세상 모든 존재의 제왕인 것이다. 이런 사고력을 바탕으로 인간은 보이지 않는 세균이라는 수수께끼를 풀고, 200개의 허리케인과 맞먹는 속도로 여행하고, 해저까지 헤엄쳐 들어갈 수 있을 뿐 아니라 언젠가 우주의 가장 먼 행성을 방문하게 될 것이다.

하지만 바로 이 대목에서 가장 큰 역설이 생겨난다. 이토록 위대한 재능이 있음에도 대부분의 인간은 이를 깨닫지 못하고 제대로 활용하지도 못한 채 주변 사람들을 흉내 내느라 대부분의 시간을 허비한다. 신이 나서 숲을 뛰어다니는 개코원숭이처럼 우스꽝스럽게 다른 사람을 따라 하는 데 여념이 없다. 분명 세상에 완전히 똑같은 사람은 없는데 마치 그런 사람이 존재하는 것처럼 굴며, 남들이 자신을 대신해 생각하도록 내버려둔다. 저마다 세상에서 가장 위대한 선물을 받아들고도 열어볼 생각조차 하지 않는다.

　미국 시인 아치볼드 매클리시Archibald MacLeish가 남긴 다음과 같은 위대한 말을 기억하면 좋겠다. "인간의 생각만이 인간을 인간답게 만든다. 그 외의 모든 특징은 돼지나 말에게서도 찾을 수 있다."

우리가 상상하는 삶

명심해야 할 것이 있다. "꿈을 향해 대담하게 나아가고 꿈꿨던 삶을 위해 노력하면 평소에는 기대하지도 못했던 성공을 거둘 수 있다." 소로의 《월든Walden》에 나오는 구절이다. 이 구절에는 대부분이 상상조차 하지 못하는 진실이 담겨 있다. 만약 이런 진실을 알게 되면 전세계가 일대 혼란에 빠져들 수도 있다.

대다수는 상상하는 삶을 실제로 살 수 있을 만큼의 용기를 내는 것이 그 무엇보다 성공에 중요하다는 진실을 간과한다.

대부분의 사람은 두 세상 속에서 살아간다. 하나는 움직이고 일하고 살아가는 실제 세계, 즉 냉엄한 현실 세계이며, 나머지 하나는 남몰래 살고 싶어 하는 상상 속 세계다. 사람들이 현실 세계에서 상상의 세계로 넘어가지 못하는 것은 시도했다가 완전히 실패해 지금 갖고 있는 얼마 안 되는 것조차 잃어버리고 가족과 친구 들의 비웃음을 살지도 모른다는 두려움과 습관 때문이다. 이런 사람들은 미국 작가 제임스 서버James Thurber가 만들어낸 터무니없는 공상을 하며 살아가는 월터 미티라는 인물과 다르지 않다. 꿈꾸는 삶을 살기보다 평생 꿈만 꾸는 사람들이다. 우리 모두는 어느 정도 월터 미티 같은 존재다.

우리는 소로가 찾아낸 진실, 즉 꿈을 향해 대담하게 나아가고 이를 위해 노력하면 평소에는 기대하지도 못했던 성공을 거둘 수 있다는 진실을 깨닫지 못하고 있다.

소로가 이 같은 진실을 깨달은 것은 실제로 이와 같이 살았기 때문이다. 매우 기쁘고 놀랍게도 우리가 가장 원하는 것을 할 때, 그토록 오랫동안 상상했던 삶을 실제로 살 때 인생이 가장 멋진 보상을 안겨준다는 사실을 깨달은 수천 명의 다른 사람 역시 마찬가지다.

쉴 새 없이 바뀌는 변덕스러운 마음을 모두 좇아야 한다는 뜻은 아니다. 그보다는 존재 가장 깊은 곳에 감춰져 있는, 가장 바라던 삶을 살아야 한다는 뜻이다. 우리가 가진 기질을 암시하는 모든 지표, 우리의 존재를 구성하는 모든 성질이 우리에게 반드시 해야 한다고 이야기하는 그 일을 해야 한다는 뜻이다. 소로조차도 집을 떠나서 명상하고 생각하고 글을 쓰고 자신에게 무엇이 중요하고 중요하지 않은지 찾아내려고 노력해야 한다는 생각이 처음 떠올랐다고 해서 곧장 월든 호숫가로 떠나지 않았다.

하지만 특정 생각이 하루가 지나고 해가 바뀌어도 사라지지 않고 자나 깨나 떠오르며 쉴 새 없이 슬리퍼를 물어뜯는 강아지처럼 끊임없이 머릿속을 맴돌면 실천해야 할 때가 된 것이다. 그것이 우리 인생의 모든 질서를 위협하는 것처럼 느껴질 수도 있다. 하지만 소로가 이야기했듯이 꿈을 향해 발을 내디뎌야만 평소에는 기대하지도 못했던 성공을 거둘 수 있다. 이런 단계를 밟은 후에 가장 많이 드는 생각은 "왜 이제야 한 거지?"다.

에머슨은 이렇게 이야기했다. "시인이나 현자가 말하는 창공의 빛보다 자신의 마음을 가로지르는 불빛을 발견하고 지켜보는 법을 배워야 한다. 하지만 사람들은 마음속에 떠오른 생각이 자신의 것이라는 이유로 제대로 살펴보지도 않고 무시해버린다."

성공은 지금, 여기에서 시작된다

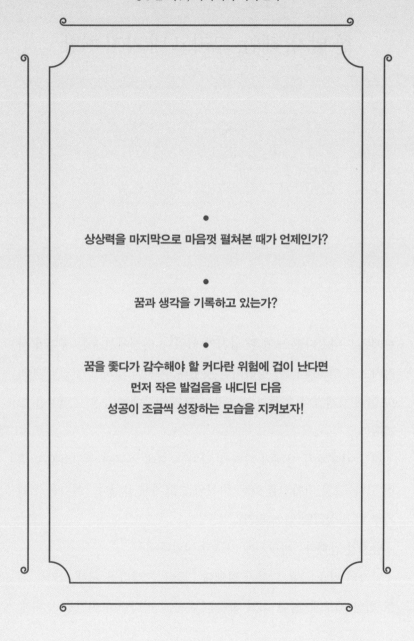

상상력을 마지막으로 마음껏 펼쳐본 때가 언제인가?

꿈과 생각을 기록하고 있는가?

꿈을 좇다가 감수해야 할 커다란 위험에 겁이 난다면
먼저 작은 발걸음을 내디딘 다음
성공이 조금씩 성장하는 모습을 지켜보자!

한 남자, 해안, 그리고 네 가지 처방

한계에 다다랐다고 느낀 한 남자가 있었다. 인생에서 모든 흥미가 사라지고 창의력의 샘이 말라버린 듯했다. 여전히 일하고 있었지만 의미 없게 느껴졌다. 가족과 집조차도 그의 마음에 어두운 그림자를 드리웠다.

결국 자포자기 상태에 다다른 남자는 오랜 친구인 주치의를 만나러 갔다. 그의 이야기를 들은 주치의는 그에게 물었다. "어렸을 적에 가장 하고 싶었던 일이 뭔가?"

남자가 답했다. "바닷가에 가보고 싶었다네."

남자의 답을 들은 의사가 말했다. "좋아. 그렇다면 내가 시키는 대로 한번 해보게. 일단 내일 하루는 온종일 바다에서 시간을 보내게.

사람이 없는 해변을 찾아서 아침 아홉 시부터 저녁 여섯 시까지 머물게. 읽을거리를 가져가지도 말고 어떤 식으로든 자네의 주의력을 흐트러뜨릴 만한 행동은 하지 말게. 자네가 순서대로 따라야 할 네 가지 처방을 제안하겠네. 첫 번째 처방은 아홉 시, 두 번째는 정오, 세 번째는 오후 세 시, 마지막 처방은 오후 여섯 시에 확인하게. 시간을 꼭 지켜야 하네. 내일 아침 바다에 도착할 때까지 미리 보지 말게."

주치의의 조언에 따라 남자는 다음 날 아침 아홉 시가 되기 직전에 인적이 드문 바닷가에 차를 세웠다. 바다에서 강한 바람이 불어왔고 파도는 높고 거칠었다.

소용돌이치는 파도 근처의 모래 언덕으로 걸어가 자리를 잡고 앉은 남자는 첫 번째 처방을 꺼내 들고 읽었다. 첫 번째 처방전에 적힌 것은 "들어라!"라는 한 단어뿐이었다. 남자는 세 시간 동안 가만히 듣기만 했다. 거칠게 휘몰아치는 바람 소리와 갈매기의 쓸쓸한 울음을 들었다. 쿵 하고 휘몰아치는 파도 소리를 남자는 조용히 앉아서 가만히 들었다.

정오가 되자 남자는 두 번째 처방전을 펼쳤다. 거기에는 "기억을 더듬어 돌이켜보라"라고 적혀 있었다. 남자는 또다시 세 시간 동안 처방전을 그대로 따랐다. 가능한 한 오랜 과거까지 기억을 거슬러 올라가 행복했던 순간, 좋았던 순간, 힘들었던 몸부림, 성공 등 그동안 일어난 모든 일을 떠올렸다.

세 시가 되자 세 번째 처방전을 펼쳤다. 이번에는 "목적을 재검토하라"라고 적혀 있었다. 이 처방을 따르기 위해서는 치열하게 생각하고 고도의 집중력이 필요했고, 그 결과 나머지 세 시간이 순식간에 흘러갔다. 세 시간 동안 삶의 목적과 이유를 재검토하며 목표 달성에 한 걸음 더 가까워진 남자는 목표를 명확하게 정리하고 재정비했다.

하늘이 점차 어두워지고 염분을 머금은 바람이 불어오는 여섯 시가 되자 남자는 네 번째이자 마지막인 처방전을 읽었다. 처방전에는 "걱정거리를 모래에 새겨라"라고 적혀 있었다.

사실 남자의 머리를 특별히 복잡하게 만든 일이 하나 있었다. 남자는 단단하게 모래가 다져진 곳으로 걸어가 나무 막대를 들고 자신을 괴롭히는 걱정거리를 적은 후 한동안 쳐다봤다. 그런 다음 자동차가 주차된 곳으로 걸어가던 중 남자는 뒤를 돌아봤고, 밀물이 밀려 들어와 자신이 적어둔 걱정거리가 이미 지워졌다는 사실을 발견했다. 남자는 차에 올라타 집으로 돌아갔다.

인생은 결국 원점으로 돌아온다

어느 대기업 회장이 뉴욕 사무실에서 심장 마비로 세상을 떠났다. 장례가 끝난 후 그의 책상의 개인 소지품을 정리하기 위해 회장실을 찾은 사람들은 책상 서랍 맨 아래 칸에서 찌와 봉돌, 낚싯바늘이 낚싯줄에 칭칭 감겨 있는 낚싯대를 발견했다. 미국 중서부에 있는 가족 농장에서 어릴 때 사용했던 낚싯대처럼 보였다.

그는 왜 젊고 평온했던 시절의 유물을 보관하고 있었을까? 그가 원했던 진정한 삶을 상징하는 것이었을까?

회장은 생전에 학교를 다녔고, 학교를 졸업한 후에는 취직했고, 직장을 구했고, 열심히 일했고, 결혼을 했고, 대출을 받아서 집을 샀고, 인생의 다른 좋은 점들도 누렸다. 아이들이 태어나자 자녀 교육에도 매진했다. 성실한 업무 태도와 타고난 능력, 쌓여가는 경력을 인정받아 승진도 했다. 사교 활동과 시민 활동, 같은 직종에 종사하는 사람들의 모임에 활발하게 참여했고 집과 직장에서 위기를 겪기도 했지만 결국 30년 동안 초고속 성장한 회사에서 가장 높은 자리까지 올라갔다. 회장 자리까지 올라가자 주주, 직원, 고객, 연구 개발, 재무에 관한 모든 책임을 짊어져야만 했다. 자녀들은 학교를 졸업하고 결혼도 했다. 모든 일이 너무 빨리 진행돼 현실적인 계획 같은 것은 세울 겨를도 없었다.

어느 날 다락방이나 지하실에서 자신의 물건을 뒤지던 회장은 블루길을 잡을 때 사용했던 작은 낚싯바늘과 페인트가 모두 벗겨진 붉은 찌가 붙어 있는 오래되고 낡은 낚싯대를 발견했다. 낚싯줄은 거의 바스러지기 직전이었다. 그는 그곳에 앉아 여름 내음이 공기를 가득 메웠던 자그맣고 시원한 개울, 강둑의 파르스름한 이끼, 물속으로 첨벙첨벙 뛰어들던 개구리, 물 위를 가볍게 걸어다니던 수생곤충, 강둑을 따라 늘어선 버드나무를 떠올렸다. 찌가 갑자기 사라지던 순간의 흥분과 물고기가 미친 듯이 낚싯줄을 잡아당기던 모습, 결국 저녁거리가 될 줄줄이 낚아 올린 물고기도 떠올랐다.

회장은 갑자기 돌아가고 싶어졌다. 그는 물고기를 낚았던 순간이 제대로 살았던 삶, 즉 현실적이고 기본적이고 만족스러운 삶이었다는 사실을 깨달았다. 어째서인지 그는 그런 삶을 충분히 즐기지 못했다. 한동안 강둑에 가만히 앉아 낚시를 즐기며 잔가지를 입에 물고 등에 쏟아지는 따뜻한 햇볕을 느끼며 찌가 사라지는 순간을 가만히 기다릴 만한 시간이 없었다. 내면의 목소리에 귀를 기울이고 목표와 역할에 따라 무엇이 중요하고 중요하지 않은지 머릿속으로 생각을 정리할 시간과 여유가 없었다.

그는 누군가의 목소리에 이끌려 낚싯대를 재킷 주머니에 집어넣었다. 다음 날 아침에도 낚싯대 생각이 그의 머리를 스쳤다. 낚싯대를 사무실로 가서는 다시 한 번 쳐다본 후 책상 서랍 맨 밑 칸에 집어넣었다. 눈에서는 보이지 않았지만 그의 마음에서는 지워지지 않았다. 그러고는 심장 마비가 찾아왔고, 그것이 마지막이었다. 그의 아내는 회사에서 챙겨 보낸 개인 소지품 중에서 낚싯대를 발견하고선 오랫동안 손에 쥐고 있었다. 낚싯대에서 낚시를 좋아했던 어린 시절 남편의 모습을 발견한 그녀는 남편이 이런 삶을 택한 이유가 궁금해졌다.

멘토링

우리는 누군가를 모범 삼기도 하고, 타인의 본보기가 되기도 한다. 어릴 때는 부모가 모범이 된다. 나이가 들면 부모뿐 아니라 친척, 온 가족이 함께 알고 지내는 지인, 이웃, 자주 어울리는 사람, 학교 교사 등이 본보기가 된다.

우리는 주변 사람들의 행동을 본보기로 삼는다. 그것이 우리가 할 수 있는 전부다. 인간은 이 세상에서 어떻게 살아남아야 하는지 전혀 알지 못하는 상태로 태어난다. 그저 생존하는 법을 배워야만 한다. 그래서 주변 사람들을 지켜보고 그들의 말에 귀를 기울이며 그들의 방식을 따른다. 주변 사람들이 당연하게 받아들이는 것을 우리 역시 당연하게 받아들인다. 우리는 17~18년, 혹은 그보다 더 오랫동안 모든 측면에서 롤모델인 이들과 한집에서 살아간다. 우리의 삶과 학습의 질은 함께 살아가는 가족이 보이는 습관적이고 자동적인 반응에 따라 달라진다. 사람은 누구나 다른 사람의 본보기를 따라 생활하고 배운다.

저명한 경영 구루 피터 드러커Peter Drucker는 이렇게 적었다. "성취에 도움이 되는 최고의 처방은 성공한 아버지나 어머니 밑에서 자라는 것이며, 그보다 더 좋은 것은 성공적인 환경에서 성장하는 것이다." 멘토의 격려를 받지 못한 사람이 뛰어난 성공을 이뤄내기는 어렵다. '멘토mentor'란 "현명하고 믿을 수 있는 의논 상대"를 뜻한다. 이런 상대가 교사일 수도 있고 회사 관리자일 수도 있으며 친구일 수도 있다. 가장 닮고 싶은 모습을 한 사람이라면 누구든 멘토가 될 수 있다.

경영지《하버드 비즈니스 리뷰Harvard Business Review》는 "성공한 사람에게는 반드시 멘토가 있다"고 설명했다. 미국 자동차 산업의 전설 리 아이아코카Lee Iacocca는 "성공하는 과정에서 멘토가 있어야 한다"고 이야기했다.

모든 젊은이에게 이 세상의 지혜롭고 보람찬 길로 한 걸음씩 이끌어줄 현명하고 믿을 수 있는 의논 상대가 있다면 모든 일이 잘 풀릴 것이다.

나의 오랜 친구인 고故 에릭 호퍼Eric Hoffer는 이렇게 이야기했다. "될 수 있는 모든 것이 되기 위해 자신을 쏟아붓는 사람, 다른 사람들이 원하는 모든 것을 이룰 수 있도록 돕는 데 헌신하는 사람은 지구상에서 가장 중요한 일을 하는 셈이다. 그는 하느님의 계획이 완성될 수 있도록 거들고 있는 것이다."

우리가 곧 다른 사람의 본보기이고, 인류의 발전을 뒷받침하는 학교다. 다른 초에 불을 나눠준다고 해서 양초의 불길이 약해지지 않는다는 사실을 잊어서는 안 된다. 인류 역사상 가장 위대한 지적 계승을 떠올려보자. 소크라테스는 플라톤의 스승이었으며, 플라톤은 알렉산더 대왕의 스승이었다. 소크라테스와 질문을 이용한 그의 교수법이 아니었더라면 플라톤의 위대한 철학이 탄생하지 않았을 수도 있다. 그뿐 아니라 우리가 소크라테스에 대해서 조금이나마 알게 된 것은 플라톤이 소크라테스의 가르침을 글로 남겼기 때문이다. 소크라테스는 그 어떤 것도 직접 글로 남기지 않았다.

사회 구성원으로서 우리는 우리의 업무를 지휘하는 모범적인 사람으로부터 가르침을 받는 멘티가 될 수 있을 뿐 아니라 다른 누군가의 멘토가 될 수도 있다. 어쩌면 멘토까지는 아니어도 모범은 보일 수 있다.

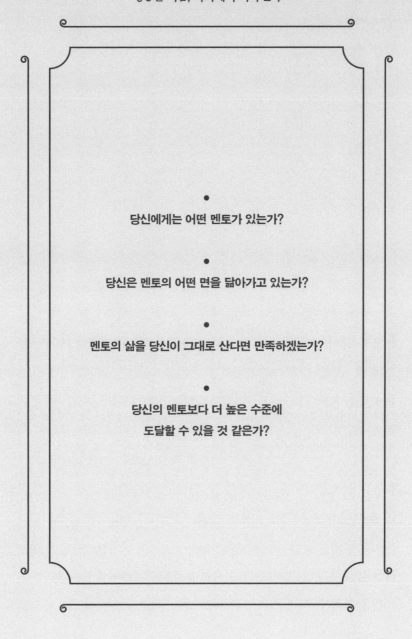

당신에게는 어떤 멘토가 있는가?

당신은 멘토의 어떤 면을 닮아가고 있는가?

멘토의 삶을 당신이 그대로 산다면 만족하겠는가?

당신의 멘토보다 더 높은 수준에
도달할 수 있을 것 같은가?

얼 나이팅게일
EARL NIGHTINGALE

대공황 시대에 유년기를 보낸 기업인 나이팅게일은 항상 지식을 갈구했다. 그는 어릴 때부터 "그 어떤 특권도 타고나지 못한 사람이 어떻게 맨손으로 시작해 자신의 목표에 도달하고 다른 사람에게 중요한 기여를 할 수 있을까?"라는 질문에 대한 답을 찾기 위해 뉴욕의 롱비치공립도서관을 자주 찾았다. 질문에 대한 답을 찾고자 하는 열망과 우리가 사는 이 세상에 대한 타고난 호기심에 사로잡힌 나이팅게일은 성공 비법을 파헤치는 세계 최고의 전문가 반열에 올라섰다.

사회에 첫발을 내디딘 나이팅게일은 먼저 해병대에 입대해 지역 라디오 방송국 아나운서로 자원했다. 아나운서가 된 그는 호기심 충만한 유년기에 알아낸 아이디어를 청취자들과 공유했다. 1941년, 해병대의 일원으로 첫 항해를 하게 되었다. 나이팅게일이 탄 배가 하와이에 도착했을 무렵, 일본이 진주만을 공격했다. 나이팅게일은 일본의 진주만 공격 당시 침몰한 미국 전함 애리조나호의 몇 안 되는 생존자 중 한 사람이다. 해병으로 5년을 더 복무한 나이팅게일은 아내와 함께 피닉스로 이주한 후 다시 시카고로 옮겨가 라디오 부문에서 매우 뛰어난 경력을 쌓았다. WGN 방송에서 일일 해설 프로그램 진행자로 일했던 그는 광고 판매에 대한 수수료를 받을 수 있는 계약을 체결했다. 1957년, 커다란 성공을 거둔 나이팅게일은 서른다섯 나이에 은퇴하기로 마음먹었다.

나이팅게일은 보험회사를 인수해 영업 담당자들이 좀 더 이윤을 낼 수 있도록 동기를 부여하는 데 많은 노력을 쏟기도 했다. 나이팅게일에게 한 영업 책임자가 영감을 불어넣는 메시지를 녹음해달라고 간청했다. 그 결과물이 100만 장이 넘는 판매 실적으로 황금 레코드Gold Record(뛰어난 판매량을 기록한 레코드를 발표한 가수 등에게 수여하는 상-옮긴이)를 수상한 세계 최초의 녹음 메시지 '세상에서 가장 이상한 비밀'이다. 이 무렵, 나이팅게일은 로이드 코넌트라는 성공한 사업가와 손잡고 차후에 수백만 달러 규모에 달하는 자기계발 분야의 거대 기업으로 성장한 전자 출판 회사를 설립했다. 두 사람은 매일 5분씩 진행되는 라디오 프로그램 〈우리의 변화하는 세상Our Changing World〉을 기획했고, 이 프로그램은 라디오 역사상 가장 오랫동안 제일 널리 배급된 프로그램이 됐다. 나이팅게일-코넌트 코퍼레이션은 톰 피터스Tom Peters, 하비 맥케이Harvey Mackay, 나폴레온 힐Napoleon Hill, 레오 버스카글리아Leo Buscaglia, 데니스 웨이틀리Denis Waitley, 로저 도슨Roger Dawson, 웨인 다이어Wayne Dyer, 브라이언 트레이시Brian Tracy, 토니 로빈스Tony Robbins 등 자기 계발 분야 및 전문성 계발 분야를 선도하는 수없이 많은 유명한 작가의 작품이 담긴 오디오 프로그램을 내놓았다.

나이팅게일이 1989년 3월 28일에 세상을 떠나자 미국의 라디오 방송인 폴 하비Paul Harvey가 자신이 진행하는 라디오 프로그램에서 "참으로 듣기 좋았던 나이팅게일의 목소리가 고요해졌다"라는 말로 그의 사망 소식을 미국 전역에 알렸다. 그는 살아생전에 어린 시절의 자신에게 영감을 불어넣었던 질문에 대한 답을 발견했다. 가치 있는 목표에 도달했을 뿐 아니라 다른 사람에게도 도움이 되는 영원히 빛나는 유산을 남겼다. 나이팅게일은 '성공의 정수'가 무엇인지 자기 삶으로 정의했다. 나이팅게일의 좋은 친구이자 아나운서였던 스티브 킹Steve King은 이렇게 이야기했다. "나이팅게일은 새로운 무언가를 배우지 않고 배운 것을 다른 사람에게 알려주지 않은 채 허투루 흘려보낸 날이 단 하루도 없었습니다. 이것이 바로 나이팅게일을 사로잡은 강렬한 열정이었습니다."

옮긴이 김현정

한양대학교 경영학과를 졸업하고 삼성경제연구소에서 경제경영 전문 번역가로 일했으며 현재 바른번역에서 전문 번역가로 활동하고 있다. 《경제학 오디세이》, 《이 모든 것은 자산에서 시작되었다》, 《돈비 이블, 사악해진 빅테크 그 이후》, 《오토노미 제2의 이동 혁명》, 《인공지능 마케팅》, 《경제는 어떻게 조작되는가》 외 많은 책을 우리말로 옮겼다.

얼 나이팅게일 위대한 성공의 시작

초판 발행 · 2024년 1월 17일

지은이 · 얼 나이팅게일
옮긴이 · 김현정
발행인 · 이종원
발행처 · (주)도서출판 길벗
주소 · 서울시 마포구 월드컵로 10길 56(서교동)
대표전화 · 02)332 – 0931 | 팩스 · 02)322 – 0586
홈페이지 · www.gilbut.co.kr | 이메일 · gilbut@gilbut.co.kr
기획 및 책임편집 · 이치영(young@gilbut.co.kr)
마케팅 · 정경원, 김진영, 최명주, 류효정 | **유통혁신팀** · 한준희
제작 · 이준호, 이진혁, 김우식 | **영업관리** · 김명자, 심선숙 | **독자지원** · 윤정아, 최희창
교정교열 · 이지은 | **디자인** · 김희림
CTP 출력 및 인쇄 · 영림인쇄 | **제본** · 영림인쇄

ISBN 979-11-407-0779-9 04190
     979-11-407-0778-2 (세트)
(길벗 도서번호 070525)

정가 19,800원

독자의 1초를 아껴주는 정성 길벗출판사

(주)도서출판 길벗 | IT교육서, IT단행본, 경제경영서, 어학&실용서, 인문교양서, 자녀교육서 www.gilbut.co.kr
길벗스쿨 | 국어학습, 수학학습, 어린이교양, 주니어 어학학습, 학습단행본 www.gilbutschool.co.kr